100 PASSOS
ATÉ UMA PEGADA

LAURO HENRIQUES JR.

100 PASSOS
ATÉ UMA PEGADA

A INCRÍVEL JORNADA CÓSMICA
DO SER HUMANO DESDE A ANTIGUIDADE
RUMO À CONQUISTA DA LUA

TORDSILHAS

NÃO É DA LUZ DO SOL QUE CARECEMOS. MILENARMENTE A GRANDE ESTRELA ILUMINOU A TERRA E, AFINAL, NÓS POUCO APRENDEMOS A VER. O MUNDO NECESSITA SER VISTO SOB OUTRA LUZ: A LUZ DO LUAR, ESSA CLARIDADE QUE CAI COM RESPEITO E DELICADEZA. SÓ O LUAR REVELA O LADO FEMININO DOS SERES. SÓ A LUA REVELA A INTIMIDADE DA NOSSA MORADA TERRESTRE.

MIA COUTO

PRELÚDIO

A LUA QUE NOS HABITA

Há muito tempo, numa aldeia muito, muito distante... nasceu uma indiazinha bastante diferente dos outros membros de sua tribo. Além de ter a pele toda branquinha, seus olhos eram cristalinos como a água e seus cabelos, tão claros, que pareciam até transparentes. Ao longo dos anos, além do espanto que sempre causava nos demais, sua aparência fez com que ela tivesse uma vida igualmente incomum. Por ter a pele e os olhos sensíveis demais, o contato com um mero raio de Sol era o suficiente para incomodá-la. Assim, enquanto as outras crianças passavam o dia brincando ao ar livre, subindo em árvores e nadando juntas no rio, a pobre garotinha ficava sozinha dentro de casa, resguardada dos efeitos da sensibilidade à luz solar. Só havia um momento em que ela podia deixar sua oca e passear pela floresta: à noite. Mas até nisso ela era diferente.

Misteriosamente, naquele tempo ainda não existiam estrelas no céu, e muito menos a Lua. Com isso, bastava o Sol se pôr e a floresta mergulhava na mais profunda escuridão. O breu era tão grande que a tribo inteira se trancava em casa, apavorada com aquele ser tenebroso que vinha ocultar o Sol. Apenas a índia de pele clara não tinha medo da noite, pelo contrário – a noite, para ela, era o amanhecer da alegria.

Se durante o dia sua vida era em plena solidão, na escuridão da floresta ela havia conhecido uma velha coruja que, desde o primeiro instante, se tornara sua amiga e confidente. Na clareza de sua amizade, as duas passavam noites conversando e passeando pela mata. Os outros índios, contudo, ficavam bastante ressabiados com esse comportamento da índia e, aos poucos, foram se arastando ainda mais dela. Resultado: apesar dos momentos felizes à noite, a cada dia ela se sentia mais triste e isolada.

Foi então que, já não suportando mais viver num ambiente ao qual não pertencia, a índia de olhos cristalinos planejou uma forma de ir morar em outro lugar. E assim o fez: ao longo de várias noites, ela construiu uma longa escada feita de cipós e, terminada a obra, pediu para que a coruja amarrasse a ponta da escada nas alturas. Então, sob os olhares auspiciosos de sua parceira, a índia de pele clara e cabelos transparentes foi subindo pelos degraus e só parou ao chegar ao topo do céu.

Radiante pela conquista, mas exausta pela longa subida, ela acabou dormindo em uma nuvem. E logo mergulhou num sonho que parecia não ter fim. Nele, a coruja a recebia de asas abertas em seu novo lar, um espaço onde ninguém tinha medo do escuro e o espanto diante do mistério era motivo de festa. Então, quando acordou, eis que a índia de pele clara já não existia mais – ela havia se transformado numa esfera belíssima e resplandecente no céu: a grandiosa Lua.

Enquanto isso, no chão das matas, o medo se transformou em deslumbramento, e todos os índios festejaram o surgimento daquele astro majestoso, fascinados com a luz branca e delicada que, a partir daquele instante, iluminaria as noites de suas vidas. E todos sonharam construir uma escada que os levaria até o céu, onde, um dia, poderiam agradecer pessoalmente à dona daquele brilho.

O deslumbramento dessa tribo e seu anseio pelas alturas reflete bem um sentimento que acompanha a humanidade desde o início dos tempos: o fascínio inesgotável pela Lua e o desejo de chegar até onde ela está. Na verdade, a jornada do ser humano até a Lua se confunde com toda a história da ciência, da cultura e da própria humanidade, tendo transformado para sempre o modo como enxergarmos a nós mesmos e o universo que nos rodeia.

Neste livro, você vai acompanhar as principais etapas dessa incrível epopeia, desde os tempos mais remotos até o dia em que, finalmente, pousamos os pés no solo lunar. Uma epopeia que despertou a imaginação e a inventividade humanas em todas as esferas da vida, misturando avanços astronômicos, científicos e tecnológicos a toda sorte de devaneios artísticos, mitológicos e religiosos.

Aqui estão reunidos os 100 passos mais importantes que nos conduziram à homérica pegada na Lua. Uma viagem fascinante que atravessa todos os campos do conhecimento, desde a ciência, a psicologia e a filosofia até a literatura, a música, o cinema e os quadrinhos. Enfim, uma amálgama lunar na qual a ciência se fez arte e a arte se fez ciência. Tudo isso acompanhado das imagens mais espetaculares que já foram feitas do nosso satélite.*

---

* Ao longo do livro, você também vai encontrar QR codes para acessar vídeos surpreendentes relacionados a determinados tópicos. É só direcionar a câmera de seu smartphone para o código e o conteúdo abrirá automaticamente. Caso seu aparelho não tenha o leitor de QR code, basta baixar algum aplicativo (há vários disponíveis, todos eles gratuitos).

Na realidade, mais do que fruto de uma rivalidade política na aparentemente interminável disputa de poder entre homens e nações, a exploração espacial e a consequente chegada à Lua são fruto de um anseio profundo do ser humano por conhecer a si mesmo e, ainda, por resgatar o contato com suas origens mais essenciais – as suas origens cósmicas.

Como disse o escritor inglês D. H. Lawrence:

> Nós e o cosmo formamos uma unidade. O cosmo é um imenso organismo vivo do qual ainda fazemos parte. O Sol é um grande coração cujos batimentos estremecem nossas menores veias. A Lua é um grande e reluzente centro nervoso, cujas palpitações chegam eternamente a nós. [...] Tudo isso é *literalmente* verdade, como sabiam os homens no passado grandioso, e voltarão a saber um dia. [...] Agora precisamos recuperar o cosmo, e isto não pode ser feito por meio de um truque. [...] Quando ouço pessoas modernas queixando-se da solidão, compreendo o que aconteceu. Elas perderam o cosmo. Não é nada humano e pessoal que nos falta. O que nos falta é vida cósmica, o Sol em nós e a Lua em nós.

Nesse sentido, este livro é como a escada de cipós sonhada pelos índios do passado, onde cada passo é um degrau a nos conduzir até a grande Lua que nos habita, a majestosa e soberana rainha do céu.

100 PASSOS
ATÉ UMA
PEGADA

CERCA DE 30000 A.C.

O fascínio pela Lua acompanha a humanidade desde a época em que nossos mais longínquos ancestrais olhavam assombrados para aquele astro brilhante e em constante metamorfose pelo céu. Segundo alguns estudiosos, os homens do período paleolítico não só já teriam conhecimento das fases da Lua como teriam até feito tentativas rudimentares de registrá-las.

O pesquisador americano Alexander Marshack, por exemplo, publicou um estudo no qual defende que as inscrições feitas num pequeno **pedaço de osso** encontrado na região da Dordonha, na França, são registros do que seria o primeiro calendário lunar conhecido. De acordo com Marshack, que trabalhou no Museu Peabody de Arqueologia e Etnologia da Universidade Harvard, as marcas foram gravadas no osso numa sequência lógica, com formatos e profundidades diferentes, de modo a refletir a própria variação dos ciclos lunares.

CERCA DE 17000 A.C.

Outros vestígios que, segundo alguns pesquisadores, apontam para um conhecimento antiquíssimo das fases da Lua podem ser encontrados nas pinturas rupestres das cavernas de Lascaux, na França. Em meio às famosas representações de caçadores, cavalos, touros e outros animais, há vários grupos de pequenos círculos pintados em fileira nas paredes das grutas – eles descreveriam as mudanças do ciclo lunar.

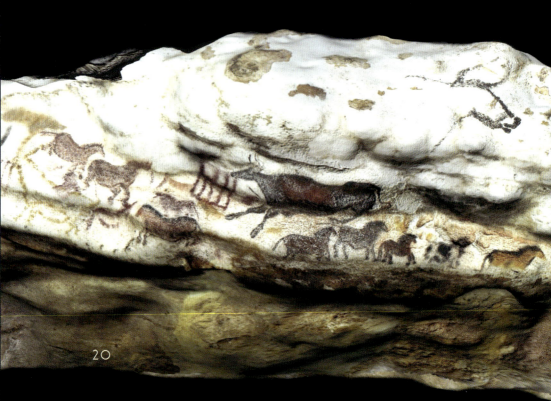

Um deles, por exemplo, que aparece abaixo da pintura de um **cavalo marrom**, conta com uma série de 29 círculos, que é o número aproximado de dias de uma lunação completa.

CERCA DE 3300 A.C.

Acredita-se que os sumérios tenham sido o primeiro povo a desenvolver um calendário baseado inteiramente na observação dos ciclos da Lua. Outros povos antigos, como babilônios, gregos, egípcios e chineses, também estabeleceram sua contagem de tempo através de calendários lunares.

Ao longo dos séculos, porém, o Sol acabou tomando a primazia da Lua como referência temporal. Instituído no ano de 1582 pelo papa Gregório XIII, o calendário gregoriano, que se baseia na observação do Sol, foi adotado praticamente em todo o mundo. Contudo, ainda hoje as fases da Lua servem como referência para a medição do tempo entre vários povos e religiões, como hindus, muçulmanos e judeus, sendo que os últimos têm um calendário lunissolar, que é regulado pelo posicionamento tanto da Lua quanto do Sol.

Antigo calendário hindu baseado nas fases da Lua.

CERCA DE 3000 A.C.

O anseio do homem por alcançar as alturas celestes também já aparece numa das fascinantes histórias da mitologia grega. Criador do labirinto de Creta, onde vivia o Minotauro, o engenhoso Dédalo acabou atraindo a ira do rei Minos quando ajudou Teseu a escapar do labirinto e, em seguida, este fugiu da ilha com a filha do soberano. Como castigo, Dédalo e seu filho, Ícaro, foram encarcerados no próprio labirinto.

A sorte dos dois parecia ter mudado quando a esposa de Minos decidiu soltá-los. Só que, como o rei controlava todas as embarcações, seria impossível escapar da ilha por mar. Dédalo, então, teve um lampejo salvador: usando cera de abelha e penas de pássaros, ele confeccionou dois pares de asas com as quais ele e seu filho voariam em segurança até o continente. Só havia um porém: eles não deveriam voar muito alto, pois o Sol derreteria a cera, nem muito baixo, pois as ondas encharcariam as penas. Ícaro, contudo, não deu ouvidos aos conselhos do pai. Extasiado pelo brilho do Sol, o jovem astronauta voou alto demais e, quando a cera de suas asas derreteu, acabou despencando no mar.

Em geral, essa fábula é vista como um alerta contra o perigo dos deslumbramentos e da falta de moderação. Entretanto, indo mais fundo na interpretação do mito, para muitos ele simboliza

Escultura em baixo-relevo
de Dédalo e Ícaro.

a nossa aspiração mais profunda de conquistar o espaço. Como afirma o filósofo francês Gaston Bachelard: "As grandes imagens chamam e sustentam uma à outra, se fundem uma na outra para, juntas, crescerem na ordem do *magnífico* [...] na fulgurância de imagens aladas [...] que provoca finalmente os 'desejos adormecidos' de Ícaro [...] as imagens vêm enriquecer a lenda do Homem voador que se torna assim ação cósmica".

CERCA DE 2100 A.C.

Nessa época, na cidade de Ur, na Mesopotâmia (região do atual Iraque), o rei Ur-Nammu finalizou a construção do que é tido hoje como um dos registros mais antigos da veneração da Lua como uma divindade. Trata-se do **Zigurate de Ur**, um imponente monumento em forma de pirâmide, feito de vários patamares superpostos, que, através de escadarias, conduziam ao santuário erguido no topo. Era ali que se realizavam os principais rituais em honra a **Sin**, o deus mesopotâmico da Lua.

Representado como um ancião de barba longa, Sin era considerado um deus sábio e insondável, tendo por símbolo uma Lua crescente. Outro exemplo de divindade masculina associada à Lua – que na maioria das vezes era adorada como uma entidade feminina – é Tot, o deus egípcio lunar. Com corpo de homem e cabeça de íbis (uma ave aquática), **Tot** era venerado ainda como o inventor da escrita e dos idiomas.

Seja sob as formas masculina ou feminina, a veneração da Lua era um fenômeno universal, estando presente em praticamente todos os povos da Antiguidade. Com o seu ciclo incessante de surgimento, crescimento e desaparecimento no céu, a Lua era considerada a guardiã de todos os mistérios, responsável por governar os ritmos da vida e do cosmo.

Como disse o historiador romeno Mircea Eliade, um dos mais importantes estudiosos contemporâneos de mitologia e religião:

> O Sol permanece sempre igual, sem qualquer espécie de "devir". A Lua, em contrapartida, é um astro que cresce, decresce e desaparece, um astro cuja vida está submetida à lei universal do devir, do nascimento e da morte. [...]

Fachada do Zigurate de Ur, reconstruída a partir das ruínas da estrutura.

Durante três noites o céu estrelado fica sem Lua. Mas esta "morte" é seguida de um renascimento: a "Lua nova". O desaparecimento da Lua na obscuridade, na "morte", nunca é definitivo. Segundo um hino babilônico dirigido a Sin, a Lua é "um fruto que cresce por si mesmo". Ela renasce da sua própria substância, em virtude do seu próprio destino. Este eterno retorno às suas formas iniciais, esta periodicidade sem fim, faz com que a Lua seja, por excelência, o astro dos ritmos da vida. Não é, pois, de surpreender que ela controle todos os planos cósmicos regidos pela lei do devir cíclico: águas, chuva, vegetação, fertilidade. [...] O homem reconheceu-se na "vida" da Lua, não somente porque a sua própria vida tinha um fim, [...] mas sobretudo porque ela tornava válidas, graças à "Lua nova", a sua sede de regeneração, as suas esperanças de "renascimento".

CERCA DE 1600 A.C.

Encontrado em escavações nas proximidades da cidade de Nebra, na Alemanha, o **Disco de Nebra** é considerado pelos especialistas como a mais antiga representação da abóbada celeste. O artefato, composto de uma placa de bronze com incrustações em ouro, tem cerca de 30 centímetros de diâmetro e traz uma elaborada ilustração do céu, que combina tanto elementos astronômicos quanto mitológicos.

No centro da imagem estão o Sol e a Lua, que aparecem rodeados por várias estrelas, todas cuidadosamente dispersas de modo a não formar nenhuma constelação, com exceção de um grupo de sete estrelas entre o Sol e a Lua, que representam as Plêiades. Os dois arcos nas laterais são as linhas do horizonte, que sustentam o firmamento enquanto a barca celestial, que aparece na base, faz sua travessia pelo cosmo.

Por milênios, a humanidade acreditou que a Terra seria envolta por uma espécie de domo, onde estariam fixos todos os astros. O Disco de Nebra seria justamente uma representação desse domo, com o universo servindo de cenário para a mítica jornada da barca celestial.

CERCA DE 1300 A.C.

Entre os resquícios mais remotos e confiáveis de um eclipse estão as inscrições feitas em **ossos e cascos** de tartaruga encontrados nas proximidades da cidade de Anyang, na China. Registrados há milhares de anos, eclipses da Lua e do Sol eram recebidos com pavor pela maioria dos povos da Antiguidade, que enxergavam esses fenômenos como presságios de alguma fatalidade.

Os antigos chineses, por exemplo, acreditavam que um gigantesco dragão estivesse devorando a Lua ou o Sol durante um eclipse, e as pessoas chegavam a atirar flechas para o ar, bater tambores, panelas, e gritar pelas ruas com o intuito de afugentar o tal dragão. Para se ter noção de quanto essa ideia estava arraigada no imaginário popular, o termo usado na língua chinesa para "eclipse" – o ideograma *shi* – também queria dizer "comer".

CERCA DE 1000 A.C.

Vista hoje como mero passatempo de crianças, a pipa foi a primeira invenção humana com capacidade de desafiar a gravidade e levantar voo. Os papagaios surgiram na China e, ao longo dos séculos, foram usados para as mais variadas finalidades, desde o simples divertimento e estudos meteorológicos até para fins militares, de espionagem e, claro, para suspender pessoas pelo ar.

Uma das mais famosas aplicações científicas de uma pipa foi realizada em 1752, quando, por meio de um experimento com uma delas, o americano Benjamin Franklin comprovou que os raios eram um fenômeno natural causado pela eletricidade, e não fruto de ocorrências sobrenaturais. No entanto, a grande contribuição tecnológica das pipas se deu mesmo a partir do século XIX, quando elas serviram de base para o desenvolvimento dos primeiros aviões.

Protótipo de pipa para uso militar, testado pelo exército inglês às vésperas da Primeira Guerra.

CERCA DE 700 A.C.

Nesse período, surgiu uma das fontes mais importantes acerca da origem e da genealogia dos deuses gregos, o poema épico *Teogonia*, de Hesíodo. Entre as divindades em destaque no panteão grego aparece justamente Selene, a majestosa deusa da Lua. Irmã de Hélio, o deus do Sol, muitas vezes ela era representada com uma coroa em forma de Lua crescente sobre a cabeça, enquanto conduzia sua carruagem luminosa pelo céu. Na mitologia romana, a deusa ganhou o nome de Luna, sendo igualmente venerada como a eterna guardiã da noite.

SÉCULO V A.C.

Responsável por desvendar a verdadeira natureza dos eclipses, o filósofo grego Anaxágoras enfrentou a ira das autoridades da época ao afirmar que, ao contrário de ser uma divindade, o Sol, na realidade, era uma gigantesca esfera incandescente. Segundo Anaxágoras, a Lua – que de deusa também não tinha nada – era apenas um enorme astro esférico, cujo brilho vinha da luz solar. Por conta de suas ideias, ele foi acusado de heresia, e só escapou da morte devido à intervenção do próprio Péricles, o todo-poderoso governante de Atenas. Contudo, Anaxágoras foi obrigado a deixar a capital grega e passou o resto da vida exilado.

Antes de deixar Atenas, porém, o pensador disse algo com o que todos os cientistas contemporâneos sem dúvida concordariam: "Não fui eu que perdi os atenienses, eles é que me perderam". Para homenagear o genial pioneiro grego, uma das formações lunares ganhou o seu nome: a Cratera Anaxágoras, que tem 50 quilômetros de diâmetro e fica no lado mais afastado da Lua.

Imagem da Cratera Anaxágoras captada por sonda da Nasa (*acima*), e detalhe da superfície da cratera (*abaixo*).

SÉCULO IV A.C.

Acredita-se que a primeira máquina voadora tenha sido construída nessa época pelo cientista e matemático grego Arquitas de Tarento. Amigo próximo de Platão, que chegou a ser influenciado por suas ideias, Arquitas projetou um pombo de madeira que, por meio de um mecanismo de ar comprimido, conseguiu voar sozinho por dezenas de metros. Embora não haja registros precisos de como funcionava o mecanismo, aparentemente a ave robótica ficava presa por uma corda a uma barra giratória, de modo que Arquitas podia controlar seu voo até que o jato de ar se esgotasse.

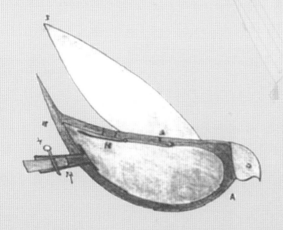

SÉCULO III A.C.

Outro pensador acusado de heresia por causa de suas ideias, o astrônomo grego Aristarco de Samos foi o primeiro a propor que a Terra apresenta um movimento de rotação em torno do próprio eixo e, ao mesmo tempo, gira em torno do Sol – a teoria heliocêntrica só ganharia validade séculos mais tarde, com os estudos de Copérnico, mas este era o seu prenúncio. Aristarco realizou cálculos geométricos avançadíssimos para a época, com os quais buscou determinar não só o diâmetro do Sol, da Lua e da Terra, mas também a distância entre cada um deles.

Por exemplo, por meio de um cálculo engenhoso (baseado no tamanho da sombra que a Terra projeta na Lua durante os eclipses), ele concluiu que o diâmetro da Lua seria três vezes menor que o da Terra – um resultado realmente impressionante, já que a proporção correta é de aproximadamente 3,7 vezes (enquanto a Lua tem cerca de 3.475 quilômetros de diâmetro, o da Terra gira em torno de 12.742 quilômetros). Embora ele não tenha chegado a valores exatos, ainda hoje suas proposições são admiradas devido à engenhosidade de sua metodologia. Não à toa, uma das estrelas do solo lunar, a Cratera Aristarco, que tem 40 quilômetros de diâmetro e 3,5 quilômetros de profundidade, foi batizada em sua homenagem.

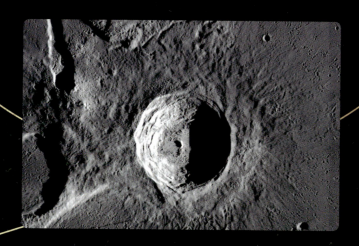

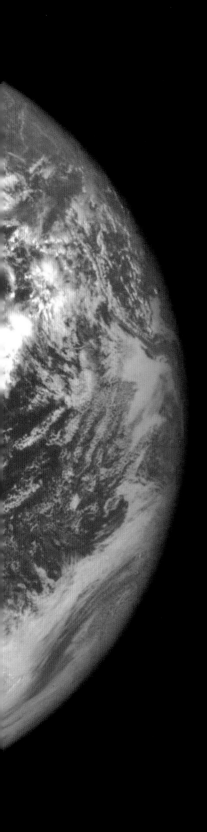

Nesta imagem, captada por satélite da Nasa a 1,6 milhão de quilômetros da Terra, a Lua passa diante do planeta enquanto é iluminada pelos raios do Sol.

SÉCULO II A.C.

Famoso por apresentar as maiores ondas de maré do planeta – fenômeno que ocorre quando a maré alta do oceano forma ondas que sobem contra a corrente nos rios, como no caso da pororoca do Amazonas –, o Rio Qiantang, na China, atrai a curiosidade de turistas e estudiosos há séculos. Foi exatamente às suas margens, onde a elevação da maré oceânica gera ondas de até 9 metros de altura, que os antigos chineses descobriram a conexão entre as marés e as fases da Lua. Praticamente na mesma época, o astrônomo e filósofo grego Posidônio também observou a relação entre os ciclos lunares e as variações das marés no Mar Mediterrâneo.

SÉCULO I A.C.

Vivendo em comunhão direta com a natureza e os ciclos cósmicos, os povos nativos das mais variadas partes do mundo cultuavam a Lua como uma poderosa deusa a quem deviam obediência e louvor. Entre as formas mais usadas para glorificar a divindade da noite, estavam rituais xamânicos nos quais a comunidade inteira se reunia sob a luz da Lua para dançar em sua homenagem. Em muitas dessas cerimônias, como no caso das que eram realizadas pelos inuítes, povo esquimó da região do Alasca, as pessoas usavam máscaras para representar o espírito sagrado que habitava o disco lunar.

Nessas comunidades arcaicas, tanto no Ocidente como no Oriente, o ciclo incessante de "morte" e "ressurreição" da Lua fez com que, muitas vezes, ela também fosse associada a alguns animais, igualmente tidos como sagrados. É o que mostra, por exemplo, a psicanalista americana Clarissa Pinkola Estés, uma das grandes estudiosas dos arquétipos femininos:

> Para os antigos, o urso simbolizava a ressurreição. O animal dorme por um longo período, no qual sua pulsação se reduz a quase nada. É frequente que o macho empreenhe a fêmea imediatamente antes da hibernação, mas, como que por milagre, o óvulo e o espermatozoide não se unem de imediato. Eles permanecem separados no caldo uterino da ursa até bem mais tarde. Perto do final da hibernação,

Máscara inuíte usada nos rituais em homenagem à Lua.

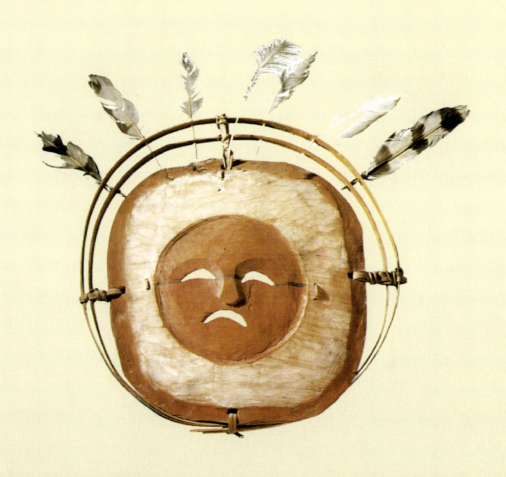

o óvulo e o espermatozoide se unem, e tem início a divisão celular, de tal modo que os filhotes nasçam na primavera, quando a mãe estiver despertando, na hora certa para cuidar dos novos filhotes e os preparar para a vida. Não só pelo fato de acordar da hibernação como se voltasse da morte, mas ainda mais pelo motivo de a ursa despertar com uma nova ninhada, esse animal é uma profunda metáfora para a vida humana, para a volta e o crescimento de algo que parecia extinto.

E a pesquisadora completa:

> Associa-se o urso a muitas deusas [...] No norte do Japão, onde vive a tribo ainu, o urso é aquele que pode conversar diretamente com Deus e trazer mensagens para os seres humanos. O urso da meia-lua é considerado um ser sagrado, que recebeu a marca branca no pescoço da deusa budista **Kwan-Yin**, cujo símbolo é a meia-lua. Kwan-Yin é a deusa da Profunda Compaixão, e o urso é seu emissário.

SÉCULO I

A Lua também compõe o cenário para a aparição de um dos personagens mais conhecidos do folclore mundial: o lobisomem. Com ligeiras variações de um povo para outro, a história do homem condenado a se transformar em lobo nas noites de Lua cheia existe no mundo inteiro. Uma das narrativas mais célebres sobre a transmutação de uma pessoa em lobisomem está no livro *Metamorfoses*, escrito pelo poeta romano Ovídio por volta do ano 8. Na obra, o rei Licáon se atreve a tentar enganar Zeus e, como castigo, é transformado numa fera sedenta por sangue:

> Em vão, tentou falar; a partir daquele momento
> Sua boca espirava espuma e tinha sede
> De sangue, enquanto vagava entre rebanhos
> E suspirava por matanças.
> Suas roupas transformaram-se em pelos,
> Seus membros ficaram atrofiados.
> Um lobo, mas ainda mantendo parte de sua expressão anterior,
> Grisalho como antes, sua fisionomia, furiosa,
> Seus olhos brilham selvagemente, a imagem da fúria.

SÉCULO II

Nessa época, terminou de ser compilado um dos clássicos da literatura chinesa, a obra *Chu Ci*, que reúne diversos poemas escritos durante a dinastia Han e na qual aparece um dos registros mais antigos do mito do "coelho da Lua". Na realidade, essa lenda sobre um coelho que vive na Lua está presente em várias culturas, nas mais variadas versões.

Em uma das versões mais populares na China, conta-se que, certo dia, um macaco, uma lontra, um chacal e um coelho se reuniram e decidiram que, naquele dia, iriam todos se dedicar à prática da caridade – afinal, pensavam eles, se praticassem um ato de nobreza certamente seriam recompensados pelos deuses. Os quatro animais, então, saíram pelo caminho e, na hora, depararam com a oportunidade perfeita: um pobre ancião, que viajava há dias, sem nada para comer, cruzou com os animais pela estrada e foi logo implorando por comida.

Ágil como nenhum outro, o macaco trepou rapidamente nas árvores e colheu várias frutas para o homem; a lontra, uma exímia nadadora, mergulhou no rio mais próximo e trouxe diversos peixes; já o chacal, famoso pela astúcia e pela malandragem, invadiu uma mansão e furtou toda sorte de alimentos da despensa. Enquanto isso, o coelho, que não tinha nenhum talento especial, não conseguiu trazer nada mais do que um maço de pequenas ervas para o velho faminto.

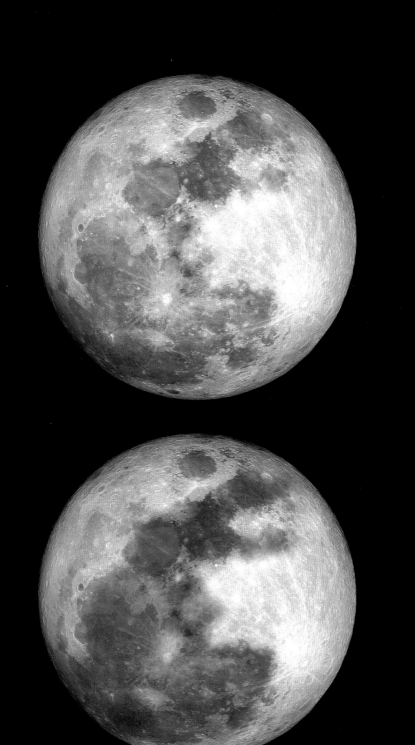

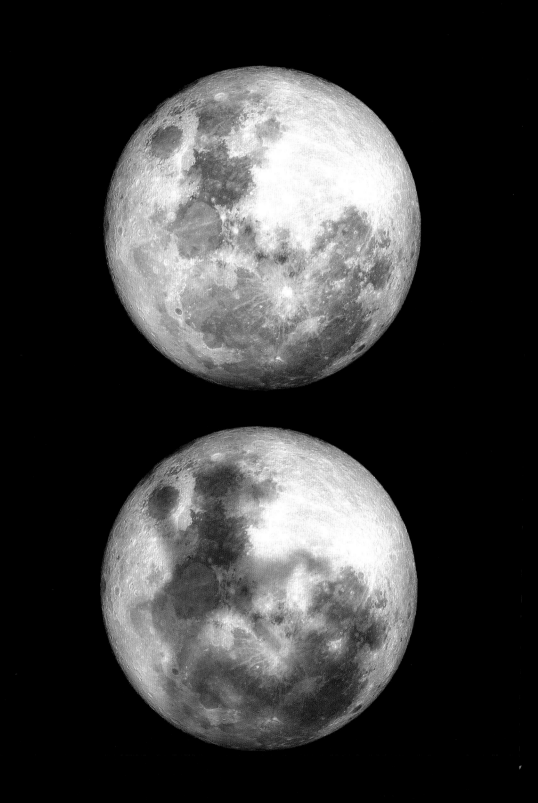

Desolado com a situação, mas decidido a ajudar aquele pobre homem, o coelho resolveu tomar uma atitude drástica: acendeu uma fogueira e, sem titubear, lançou-se no meio do fogo, doando a própria carne para alimentar o ancião esfomeado. Então, nesse exato momento, deu-se a cena extraordinária: das alturas celestes, veio descendo Chang'e, a deusa chinesa da Lua, que assistia a tudo de seu trono e, comovida com a atitude do coelhinho, salvou o animal das chamas e o levou consigo para a Lua. Lá, ele vive eternamente ao lado de Chang'e, preparando em um pilão o elixir da imortalidade da deusa.

Na verdade, essa lenda do coelho lunar é fruto de um fenômeno conhecido como pareidolia: ao olharmos para um padrão qualquer de imagens, nosso cérebro o interpreta como se tivesse algum significado. Um exemplo comum de pareidolia são as formas que enxergamos ao olhar para as nuvens no céu. No caso da Lua, ao olhar para as manchas abstratas que aparecem em sua face iluminada, muitos acabam enxergando a figura de um coelho junto de um pilão. Outro exemplo famoso de pareidolia lunar, sobretudo no Brasil, é a figura do santo guerreiro que, montado em seu cavalo, luta contra o dragão na "Lua de São Jorge/ Lua maravilha/ Mãe, irmã e filha/ De todo o esplendor".

SÉCULO V

Estudioso dos eclipses e do movimento das estrelas, o matemático e astrônomo indiano Ariabata I foi o primeiro a afirmar de forma categórica que o brilho da Lua provém do reflexo da luz do Sol. O avançado trabalho do indiano fez com que, séculos mais tarde, ele ganhasse duas homenagens à altura de suas descobertas: o primeiro satélite lançado pela Índia, em 1975, foi batizado de Ariabata; assim como uma cratera que fica exatamente na região do Mar da Tranquilidade, local escolhido para o pouso da Apollo 11 na Lua.

O Sol e a Lua cheia compartilham seu brilho nesta montagem feita com duas fotos tiradas no mesmo dia, do mesmo local, na Suécia.

SÉCULO X

A partir dessa época, os chineses começam a usar a pólvora – a explosiva mistura de enxofre, salitre e carvão que haviam inventado – para criar os primeiros foguetes da história. Desenvolvidos como armas de guerra, os mecanismos eram constituídos basicamente de cilindros de bambu cujo interior era preenchido com pólvora. Após a ignição, esses foguetes lançavam flechas ou projéteis de metal. A relação íntima entre esses armamentos ancestrais e os futuros bólidos espaciais aparece em outra curiosidade da própria língua chinesa: o ideograma para o termo "flecha de fogo" é o mesmo que, hoje, se usa para a palavra "foguete".

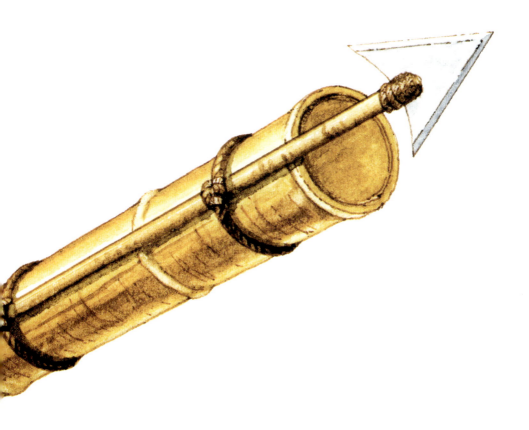

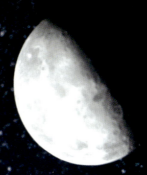

SÉCULO XI

Uma das crendices mais difundidas durante a Idade Média era a de que a Lua cheia seria responsável por causar acessos de loucura, surtos psicóticos e ataques de epilepsia. Na verdade, a associação da Lua com a insanidade já acompanhava a humanidade havia muito mais tempo, tendo sido estudada por pensadores clássicos como Hipócrates e Aristóteles. Para se ter ideia, a palavra "lunático" ainda hoje é definida nos dicionários como sinônimo de um indivíduo maluco, "que sofre influência da Lua".

Apesar de não haver qualquer evidência científica que comprove a influência da Lua sobre a psique humana, essa superstição persiste até os tempos atuais. O próprio William Shakespeare inspirou-se nessa ideia para compor uma cena de uma de suas obras mais famosas. Ao receber a notícia de que "um crime horrível" havia sido cometido, Otelo diz: "É efeito do desvio da Lua; ela aproxima-se mais da Terra agora do que de hábito, e deixa os homens loucos".

SÉCULO XII

Acredita-se que, nessa época, possa ter ocorrido um fenômeno extraordinário envolvendo o nosso satélite: após o choque de um cometa ou asteroide com a Lua, a força do impacto teria gerado uma explosão tão brilhante que pôde ser vista da Terra a olho nu! Na realidade, a chance de um evento como esse ser presenciado desde a superfície terrestre é extremamente improvável, mas, ainda assim, alguns estudiosos consideram que isso realmente possa ter acontecido.

No livro *Cosmos*, por exemplo, o astrônomo e cientista americano Carl Sagan descreve como teria sido o fenômeno:

> Na noite de 25 de junho de 1178, cinco monges britânicos relataram algo extraordinário, que foi mais tarde registrado nas crônicas de Gervásio da Cantuária, em geral considerado um relator confiável dos eventos políticos e culturais de sua época, depois de ele ter entrevistado a testemunha ocular que afirmou, sob juramento, ser sua história verdadeira. Na crônica se lê: "Havia um quarto crescente claro, e, como é comum nessa fase, suas pontas estavam voltadas para o leste. De súbito, a ponta superior se dividiu em duas. Do ponto médio da divisão, projetou-se uma tocha flamejante, lançando fogo, carvões em brasa e centelhas". Os astrônomos Derral Mulholland e Odile Calame calcularam que um impacto lunar produziria uma nuvem de poeira elevando-se da superfície da Lua com um aspecto correspondente, de maneira muito aproximada, ao relato dos monges de Cantuária.

SÉCULO XIII

Após uma série de conquistas, no ano 1299 o sultão Osmã I estabeleceu aquele que, por mais de seis séculos, seria um dos Estados mais fortes do mundo: o Império Otomano. Abrangendo boa parte do Oriente Médio, do norte da África e do leste europeu, o poderio militar, econômico e cultural dos otomanos acabou se refletindo na consolidação de um dos símbolos mais conhecidos de todo o planeta: a Lua crescente com uma estrela. Fulgurando em destaque na bandeira do Império Otomano, ao longo dos séculos a imagem da Lua e da estrela passou a ser intimamente relacionada ao próprio islamismo – religião que era professada pelos otomanos –, sendo adotada como emblema nacional por diversas nações, como Turquia, Argélia, Líbia, Tunísia e Paquistão, entre outras.

SÉCULO XIV

Embora os antecessores dos foguetes atuais tenham sido usados na China sobretudo para fins militares ou como fogos de artifício, conta-se que, certo dia, um oficial do exército imperial chamado Wan Hu teve uma ideia mirabolante: ele resolveu construir uma espécie de cadeira voadora, que, impulsionada por foguetes, serviria para levá-lo até... a Lua!

E assim foi feito. Depois de montar sua "nave" – uma enorme cadeira de vime na qual foram amarrados 47 foguetes –, Wan Hu sentou-se em seu posto e deu a autorização para a decolagem. Nesse momento, 47 assistentes, cada um segurando uma tocha, aproximaram-se da cadeira e acenderam os pavios. Na hora, ouviu-se um estrondo colossal, que foi seguido por enormes nuvens de fumaça.

Finalmente, quando a fumaça se dissipou, eis que não havia mais sinal algum do piloto nem de sua poltrona voadora. Ninguém sabe ao certo o que aconteceu com Wan Hu ou se, de fato, essa história aconteceu, mas essa tentativa estapafúrdia de chegar à Lua entrou para os anais da exploração espacial.

Capitolo .ij. oue beatrice a lauctore peruengono alcielo
della luna a prendere lauerita del lombra che apparisce
in essa. et qui comincia la .iij. parte quito alprimo dire.

Voi che siete impiccoletta barca
desiderosi dascoltar seguiti
retral mio legno che cantando uarca
tornatauederli uostri liti
no ui mectete inpelago che forse
pdendo me rimarreste smarriti
lacqua chio prēdo giamai nō si corse
minerua spira et conduceme apollo
et noue muse mi dimostran lorse
voi altri pochi che drieçatel collo
ptempo pā deghangeli
del quale uiuesi qui ma nō sentien satollo
bē potete ben plato sale
uostro nauigio seruando mio solco
pinanzillacqua che ritorna uguale
quei gloriosi che passar adcolco
nō sammiraron come uoi farete
qui uodur giason fuoto bifolco
La concreata et perpetua sete
del deiforme regno cemportaua
veloci quasi comel ciel uidete
beatrice insu et io inlei guardaua
et forse intanto inquantun quadrel posa
et uola et dalla nocete dischiaua
giunto mi uidoui mirabil cosa
mi torse il uiso a se et pō quella
cui nō potea mia cura eer ascosa
volta uerme si lieta come bella
dicea la mente in dio grata mi disse
che ma congiunti con la prima stella
Pareue me che nube me courisse
lucida spessa solida et polita
quasi diamante che losol ferisse

1321

Nesse ano, que coincide com o ano de sua morte, o poeta italiano Dante Alighieri teria concluído o longo trabalho – de quase duas décadas! – para dar vida àquele que é considerado um dos baluartes da literatura mundial, o clássico *A divina comédia*. Dividido em três partes – Inferno, Purgatório e Paraíso –, o livro descreve a jornada mística do personagem principal (que seria o próprio Dante) em busca de Deus.

Na obra, depois de visitar as almas pecadoras que penam nos vários círculos do inferno e do purgatório, Dante é conduzido pela imaculada Beatriz (símbolo da graça divina) rumo às esferas celestiais. E a primeira esfera do paraíso é justamente o chamado Céu da Lua (acima deste, haveria outros nove céus).

Como diz Dante, chegando à Lua, o astro celeste os recebe "tal como a água recebe/ raio de luz permanecendo unida". E, lá, Beatriz responde às dúvidas do poeta sobre a origem das manchas escuras na superfície lunar, dando explicações detalhadas sobre as diferenças de luminosidade do satélite. Antes de seguir viagem para as esferas superiores, Dante também fica sabendo que a Lua é a morada das almas que foram boas em vida, mas que, por algum motivo involuntário, não puderam cumprir os votos que assumiram – por exemplo, uma freira que foi retirada à força do convento onde vivia. Nesse caso, embora estejam mais distantes do Criador, as almas que habitam a Lua estão em paz e sem lamentações.

Manuscrito original da obra de Dante, em que o poeta é conduzido pela imaculada Beatriz ao Céu da Lua.

1490

O sonho de voar também atiçou a curiosidade e a tremenda inventividade de um dos maiores gênios de todos os tempos, o italiano Leonardo da Vinci. Misto de artista e cientista, ele talvez tenha sido a primeira pessoa a projetar, de forma sistemática, uma máquina capaz de conduzir o ser humano pelo ar. Da Vinci deixou vários protótipos de mecanismos voadores, que vão desde planadores tripulados até aparatos mais elaborados, como o que seria um precursor do helicóptero moderno e, ainda, o seu engenhoso ornitóptero – uma máquina cujas musas inspiradoras foram as aves e o modo como estas conseguem se manter no ar.

Embora não tenha chegado a construir nenhuma dessas invenções, seus esboços até hoje são considerados obras-primas da pesquisa científica, veículos inaugurais na busca do homem por vencer o peso da gravidade e, quem sabe um dia, alcançar a leveza do ar. Como disse o filósofo alemão Friedrich Nietzsche: "Quem um dia ensinar os homens a voar, deslocará todos os marcos de limites; os marcos mesmos voarão pelos ares, e esse alguém batizará de novo a Terra – de 'a Leve'".

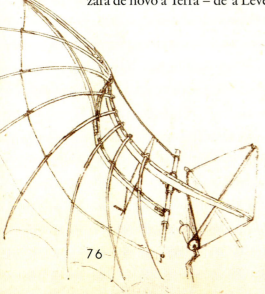

Esboços das máquinas voadoras de Leonardo Da Vinci.

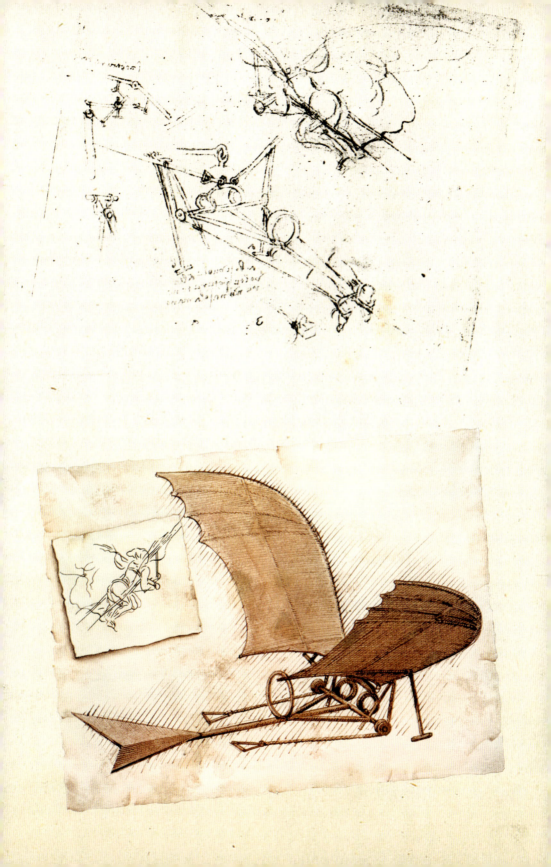

1500

Quando aportaram na costa daquele desconhecido território que seria batizado de Brasil – da mesma forma que se deu em relação a todos os demais territórios colonizados nas Américas –, os europeus tiveram contato com sociedades indígenas que já habitavam essas mesmas terras havia mais de 10 mil anos. Essas comunidades, que totalizavam milhões de habitantes, contavam com uma complexa organização social, assim como uma mitologia riquíssima, com toda sorte de deuses e deusas ligados à natureza que as cercava.

Entre os povos tupis, por exemplo, uma das divindades mais veneradas era justamente a deusa da Lua. Guardiã da noite, protetora dos vegetais, dos amantes e da reprodução, Jaci, que em tupi quer dizer "mãe dos frutos", é irmã e esposa de Guaraci, o deus do Sol. Segundo a teogonia indígena, certo dia o deus

do Sol se cansou da sua eterna labuta no céu e resolveu dormir um pouco. Porém, bastou Guaraci fechar os olhos e, pronto, o mundo mergulhou nas trevas. Foi então que Tupã, o supremo criador, deu vida à formosa Jaci para iluminar a escuridão enquanto o Sol repousava. Acontece que a Lua era tão linda que, ao despertar, Guaraci imediatamente se apaixonou por ela. Enamorado pelo brilho do luar, o Sol então resolveu que, de tempos em tempos, dormiria novamente para que sempre pudesse rever a cintilante Jaci.

Sob a luz de Jaci, a deusa da Lua, rosto indígena é projetado nas árvores da Floresta Amazônica numa instalação artística em defesa das matas.

26

1511

Entre as obras de arte mais notáveis produzidas durante o Renascimento estão os afrescos criados por Michelangelo para o teto da Capela Sistina, no Vaticano. E, dentre estes, um dos destaques é aquele em que o artista italiano retrata uma das cenas do livro do *Gênesis*, quando Deus se dedica à criação do Sol e da Lua. Na imagem, o Criador aponta com a mão direita para o disco solar e, com a esquerda, sinaliza o nascimento da Lua. O semblante sério e concentrado de Deus expressaria a tremenda força necessária para criar os astros que, das alturas celestiais, iriam sustentar a vida.

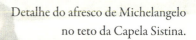

Detalhe do afresco de Michelangelo no teto da Capela Sistina.

1543

Esse ano marca a publicação de uma das obras mais revolucionárias da história, não só da ciência, mas de toda a humanidade: o clássico *De revolutionibus orbium coelestium* ("Sobre as revoluções dos orbes celestes"), no qual o astrônomo polonês Nicolau Copérnico expõe a tese de que a Terra gira em torno do Sol. Se a teoria heliocêntrica já tinha sido proposta, havia séculos, pelo grego Aristarco, Copérnico foi o primeiro a apresentar cálculos e modelos matemáticos consistentes para comprovar sua validade.

Considerado o pai da astronomia moderna, ele foi o responsável por transformar, de forma definitiva, o modo como enxergamos o céu e a nós mesmos. Ao tirar a Terra e, consequentemente, o homem do centro do universo, Copérnico provocou uma revolução no pensamento ocidental, com implicações científicas, filosóficas e religiosas.

Os estudos de Copérnico, que entre outras coisas estabeleciam que a Terra gira em torno de seu próprio eixo, foram fundamentais para a verdadeira revolução científica que, mais tarde, seria levada à frente por nomes como Galileu, Kepler e Newton.

O astrônomo polonês, claro, também foi homenageado na topografia lunar, dando nome à Cratera Copérnico, um colosso com 93 quilômetros de diâmetro, onde, quem sabe, ainda hoje ecoem as palavras que mudaram o eixo da história: "No centro de tudo encontra-se o Sol. Afinal, nesse templo, o mais belo de todos, quem haveria de colocar um tal luzeiro em outro lugar se não aquele de onde ele pode iluminar todas as coisas ao mesmo tempo? [...] Assim, como se estivesse sentado num trono real, o Sol governa a família de planetas que giram ao seu redor".

1608

O inventor holandês Hans Lippershey atraiu os olhares de todo o mundo ao criar um aparelho capaz de mostrar coisas distantes como se estas estivessem perto – era o nascimento daquele que se tornaria o principal instrumento astronômico: o telescópio.

1609

Impressionado com a invenção do telescópio, o astrônomo e matemático italiano Galileu Galilei colocou a genialidade à obra e desenvolveu uma versão ainda mais potente do tal instrumento. Imediatamente, ele passou a esquadrinhar o céu com o auxílio de telescópios e, em breve, suas observações já transformavam, para sempre, o universo da astronomia.

Entre outras coisas, Galileu fez um mapeamento da superfície da Lua, mostrando que, ao contrário do que se acreditava, o solo lunar não era liso, mas coberto de crateras e montanhas. Ele também descobriu quatro luas na órbita de Júpiter, assim como um número muito maior de estrelas do que até então se tinha notícia.

Reunidas na obra *Sidereus nuncius* ("O mensageiro sideral"), as descobertas de Galileu comprovaram a teoria heliocêntrica de Copérnico, que, décadas antes, havia realizado todas as suas observações a olho nu. O resto é história. Por sua defesa de que a Terra girava em torno do Sol, e não o contrário, Galileu foi acusado de heresia pela Igreja e, em 1633, acabou sendo condenado pelos tribunais da Inquisição a passar o resto da vida em prisão domiciliar.

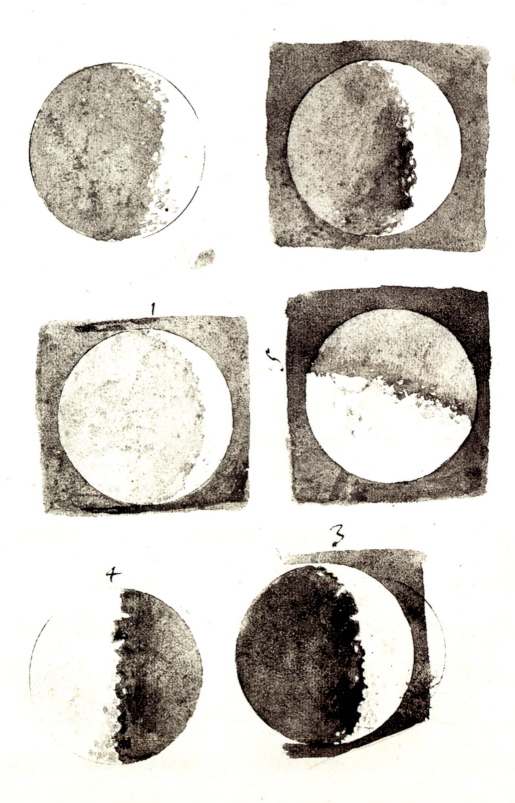

Não há nenhuma evidência de que ele, de fato, tenha sussurrado a lendária frase *Eppur si muove* ("No entanto, ela se move") após ser obrigado a renegar que a Terra se move em volta do Sol. Porém, muito do que ele disse não deixa por menos: "Não me sinto obrigado a acreditar que o mesmo Deus que nos dotou de sentidos, razão e intelecto pretenda que não os utilizemos".

Independentemente do obscurantismo religioso, Galileu continuou seus estudos em casa. Ao fechar seus "olhos-telescópios" pela última vez, em 1642, sabia que, assim como os astros que observou continuavam em sua revolução pelo céu, seus estudos seguiriam sua revolução pela Terra. Afinal, como diz outra das famosas sentenças atribuídas a ele: "A Bíblia mostra o caminho para o céu, não o caminho que os céus fazem".

Desenhos originais feitos por Galileu
a partir de suas observações da Lua.

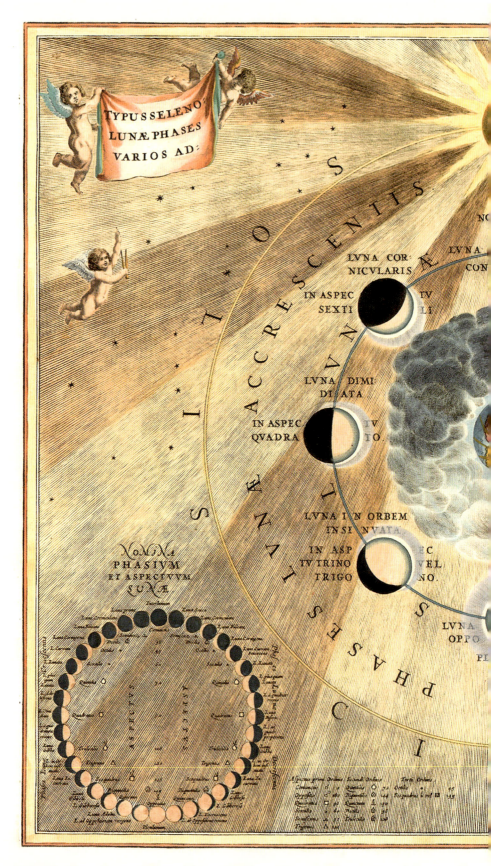

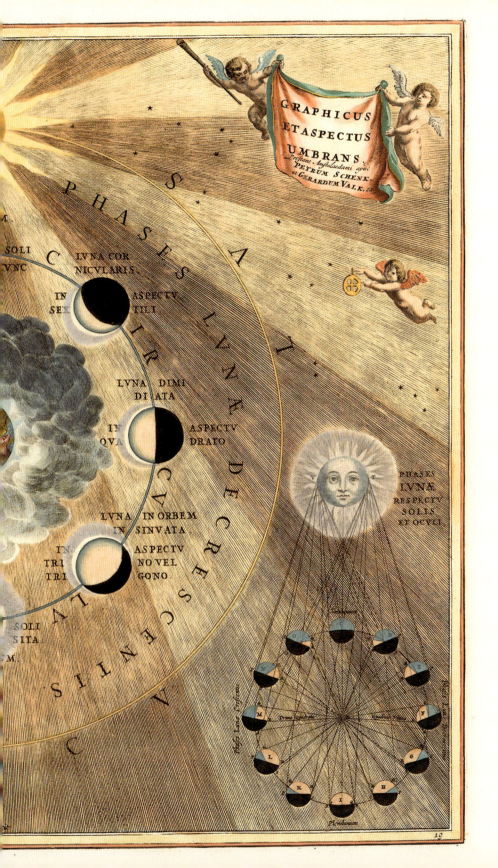

1609-1619

Ao longo desse período, o astrônomo alemão Johannes Kepler publicou algumas das obras mais fundamentais da história da ciência, nas quais definiu as chamadas leis do movimento planetário, em que descreve as órbitas dos planetas em volta do Sol. De acordo com ele, essas leis – conhecidas hoje como leis de Kepler – refletiriam a "harmonia celestial" que regula o movimento de todo o universo.

Contemporâneo de Galileu, com quem mantinha um intercâmbio de cartas e conhecimento, Kepler demonstrou que o modelo heliocêntrico de Copérnico era um sistema dinâmico e ativamente orquestrado pelo Sol, em torno do qual giravam todos os planetas em órbitas elípticas, e não circulares.

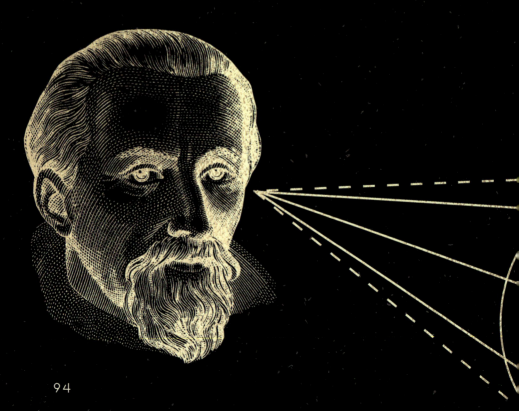

As descobertas de Kepler influenciaram toda a pesquisa científica posterior, e, não à toa, séculos mais tarde ele foi homenageado ao batizar uma das missões mais extraordinárias da Nasa: o telescópio espacial Kepler. Lançado em 2009, desde então ele vasculha os confins do universo em busca de exoplanetas, como são chamados os planetas fora do Sistema Solar. E a caça tem sido frutífera: até 2018, o telescópio já havia confirmado a existência de mais de 2 mil desses planetas extrassolares. Com um detalhe: ele também busca detectar a existência de astros do tamanho da Terra que orbitem a chamada "zona habitável" em volta de uma estrela, regiões onde há chances de existir água líquida e, consequentemente, vida como a nossa.

Aliás, com a ajuda dessa sonda espacial, o astrônomo alemão ganhou até um sistema planetário para chamar de seu. Batizado de Kepler-90, trata-se do conjunto de planetas mais parecido com o nosso próprio Sistema Solar. São nada menos que oito exoplanetas que orbitam a estrela Kepler-90, uma esfera bem maior e mais quente do que o nosso Sol e que fica a 2.500 anos-luz da Terra.

Pois é, como se previsse o que estaria por vir no futuro, Kepler afirmou séculos atrás: "As formas pelas quais os homens chegam ao conhecimento das coisas celestes não são menos maravilhosas do que a própria natureza dessas coisas".

Simulação computadorizada de uma lua girando em torno de um exoplaneta com chances de ser habitável como a Terra.

1628

Considerado um dos grandes expoentes do período barroco, o pintor flamengo Peter Paul Rubens usou de toda a abundância de cores que marca o estilo para compor uma de suas telas mais celebradas: *A Imaculada Conceição*. Nela, vemos a imagem de Nossa Senhora da Conceição de pé sobre uma Lua crescente, pisando soberana sobre a serpente do mal.

Na verdade, essa pintura de Rubens traz um dos símbolos mais fortes do cristianismo, um símbolo que, assim como outros elementos da iconografia cristã, foi incorporado das chamadas religiões pagãs: a imagem da Lua. Carregada de significados, a Lua sob os pés de Nossa Senhora representa dois aspectos intrinsecamente ligados à figura de Maria: a maternidade e a ressurreição.

A Imaculada Conceição,
tela de Peter Paul Rubens.

Entre os povos antigos, a Lua sempre esteve associada aos ciclos femininos e da natureza, sobretudo à fecundidade. Assim, foi naturalmente relacionada àquela que daria à luz o filho de Deus. Além disso, com seu eterno ciclo de "morte" e "renascimento", a Lua era tida como a detentora de todos os ritmos da vida, e dessa forma também não foi difícil ligar esse simbolismo ao papel de Nossa Senhora: ser mãe daquele que iria passar por todo o ciclo da vida e da morte, mas, assim como a Lua, ressuscitaria para a vida nova.

Além de estar presente em outras obras clássicas da arte barroca, como nas telas dos espanhóis Bartolomé Esteban Murillo e Diego Velázquez, a imagem de Nossa Senhora com a Lua sob os pés passou a simbolizar uma figura central que aparece no próprio livro do *Apocalipse*. Trata-se do momento em que, após terem soado as trombetas do Juízo Final, surge "no céu um grande sinal: uma mulher, vestida de Sol, com a Lua debaixo dos pés, e uma coroa de doze estrelas na cabeça". De pé sobre o disco lunar, essa mulher então se alinha às falanges celestiais na derradeira vitória sobre o mal.

A batalha do Arcanjo Miguel contra Satã,
tela de Jacopo Tintoretto.

1638

Esse ano marca a publicação do livro *The Man in the Moone* ("O Homem na Lua"), do bispo inglês Francis Godwin. Nessa que é considerada a primeira história de ficção científica propriamente dita, um homem usa uma engenhoca conduzida por gansos selvagens para levá-lo até a Lua. Em sua obra, Godwin incorporou diversos elementos das novas teorias cosmológicas propostas por nomes como Copérnico, Kepler e Galileu.

Ao longo dos séculos, da mesma forma que a ciência serviu de inspiração para Godwin, a imaginação artística seria uma importante fonte de inspiração para que os cientistas transformassem suas aspirações tecnológicas em realidade.

Ilustrações originais das primeiras edições de *O Homem na Lua*, de Francis Godwin.

THE MAN IN THE MOONE:
OR,
A DISCOURSE
Of a Voyage thither:
By F.G. B.of H.

To which is added *Nuncius Inanimatus*, written in Latin by the same Author, and now Englished by a Person of Worth.

The Second Edition.

LONDON,
Printed for *Joshua Kirton*, at the Signe of the Kings Arms in St. *Pauls* Church-yard, 1657.

---

94   Der fliegende

sie zuverstehen / wiewol ich kein guter Musicus bin / durch diese noten, und ohne Wörter.

Auf diese Art sprechen sie auch aus die Namen der Menschen/wie ich wol könde mercken/so oft sie von mir reden wolte in meiner Gegenwart/das ich es nicht solte wissen / gaben sie meinen Namen welcher ist Gonsales also zuverstehen.

Ich kam auff die Gedancken/ das es leicht müste sein/ein solche Sprach zu erfinden/wie diese ist / un die auch noch wol zu lernen were / und vielleicht leichter als einige ander Sprach in der Welt/welln sie nur bestehet in Thon/und in noten. Meine gute Freund wollen den Sachen weiters nachdencken/so werden sie befinden

1647

Com o avanço dos telescópios, o mapeamento da geografia lunar tornou-se cada vez mais apurado. O astrônomo polonês Johannes Hevelius foi o primeiro a publicar um atlas da Lua, o tratado *Selenographia*, no qual catalogou mais de duzentas formações lunares e apresentou mapas detalhados da superfície do satélite. Os nomes usados até hoje para algumas montanhas da Lua foram dados por ele, que, posteriormente, também foi homenageado ao batizar uma cratera lunar.

Hevelius foi o responsável ainda por catalogar nada menos que 1.564 estrelas, reunindo suas descobertas no atlas celeste mais completo da época, no qual muitas das constelações conhecidas foram mostradas pela primeira vez.

Detalhe do tratado *Selenographia*, de Johannes Hevelius. Nas págs. seguintes, a imagem completa.

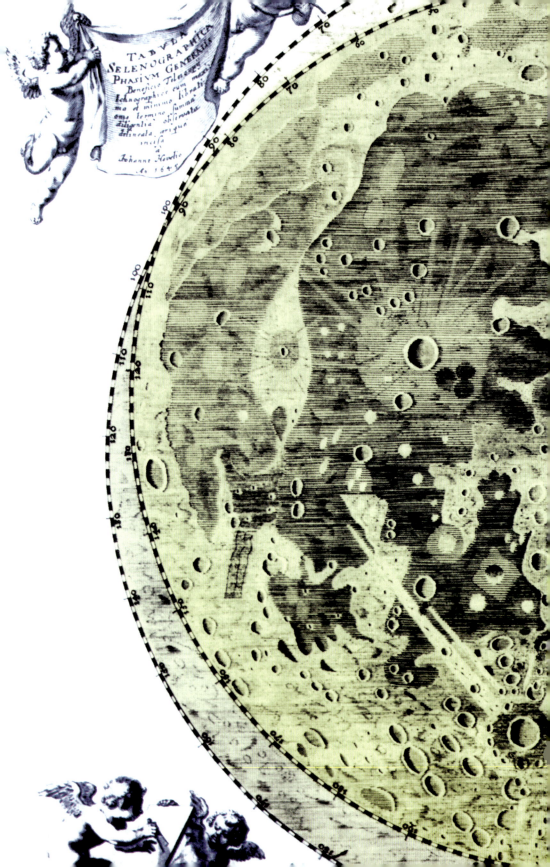

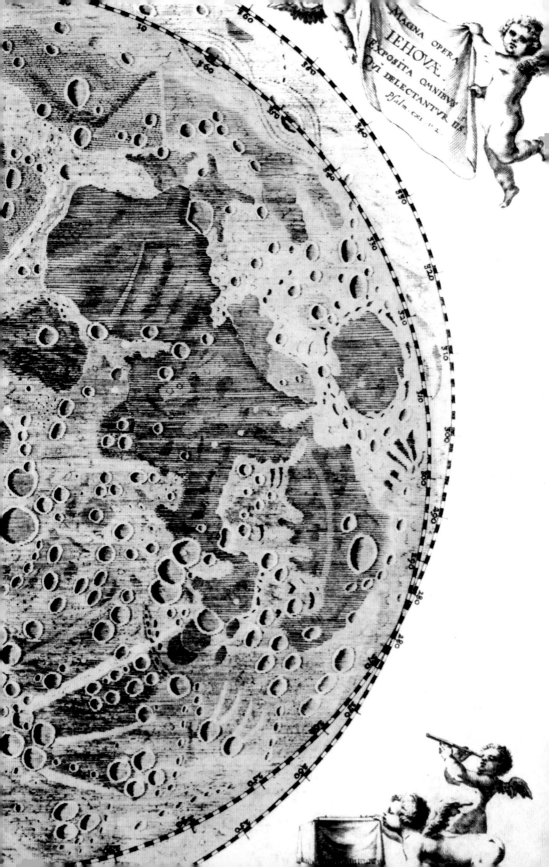

1651

Ao apresentar ao mundo o seu mapa da Lua, que havia elaborado em parceria com Francesco Maria Grimaldi, o astrônomo italiano Giovanni Battista Riccioli inaugurou o sistema de batizar as crateras lunares com os nomes dos filósofos e cientistas mais importantes da história. Ainda hoje, dezenas de crateras são chamadas pelos nomes dados por ele, que, obviamente, também foi homenageado ao batizar a imensa **Cratera Riccioli**, que tem cerca de 140 quilômetros de diâmetro.

1662

Em duas histórias, publicadas separadamente e depois reunidas em um único volume chamado *Viagem à Lua*, o escritor francês Cyrano de Bergerac usou as narrativas sobre fantásticas viagens à Lua e ao Sol para satirizar as crenças religiosas e científicas ainda vigentes na época. Terror das autoridades de seu tempo, Bergerac era um crítico ferrenho daqueles que, a despeito das descobertas de Galileu e Copérnico, teimosamente ainda insistiam na ideia do homem e do mundo como centro de toda a criação.

Ilustração das primeiras edições de
Viagem à Lua, de Cyrano de Bergerac.

1687

Nesse ano foi publicada outra das obras seminais da história da humanidade, o monumental *Philosophiae naturalis principia mathematica* ("Princípios matemáticos da filosofia natural"), em que o físico, astrônomo e matemático inglês Isaac Newton estabeleceu o que seriam os fundamentos de toda a ciência moderna.

Nessa obra, dividida em três volumes, Newton apresentou as leis que regulam o movimento dos corpos – conhecidas hoje como leis de Newton –, comprovou as leis de Kepler sobre as órbitas planetárias e, estudando o movimento da Lua, formulou a sua famosa lei da gravitação universal, segundo a qual todos os corpos do universo se atraem mutuamente de acordo com os princípios da força da gravidade.

Diz a lenda que Newton teria tido o lampejo de sua teoria sobre a gravitação ao observar a queda de uma maçã que se desprendera da árvore. Ele, então, teria presumido que a força que atraía aquela maçãzinha para o chão pudesse ser a mesma que mantinha a Lua na órbita da Terra, assim como os demais planetas na órbita do Sol.

Para os estudiosos, essa história da maçã não passa de folclore. Seja como for, não deixa de combinar com a simplicidade de caráter de Newton, que sempre prestou tributo aos que vieram antes dele, considerando-se apenas um continuador do trabalho de seus antecessores. Como ele disse: "Se vi mais longe, foi por estar de pé sobre os ombros de gigantes".

1709

As primeiras experiências bem-sucedidas de conquistar o espaço foram feitas com balões de ar quente. E um dos pioneiros nesse tipo de tecnologia foi o padre e inventor luso-brasileiro Bartolomeu Lourenço de Gusmão. Nascido na cidade de Santos, ele ficou famoso ao realizar várias demonstrações perante a corte portuguesa, em Lisboa, do objeto voador que havia construído: um pequeno balão de ar quente, feito de um papel grosso, que ficou conhecido como Passarola.

Embora não haja registro oficial do experimento, apenas o relato de testemunhas da época, sabe-se que Bartolomeu de Gusmão conseguiu fazer sua invenção alçar voo e flutuar por algum tempo antes de cair no chão.

Também não há nenhuma descrição de como era o aparelho real, mas a Passarola entrou para a história por meio de ilustrações que a retratavam como uma espécie de barca fabulosa em formato de pássaro. Na verdade, o excêntrico desenho, que causou furor em toda a Europa, teria sido divulgado pelo próprio Bartolomeu de Gusmão para ludibriar os bisbilhoteiros que tentavam descobrir os segredos de sua criação. A invenção do "padre voador" ainda não era capaz de carregar uma pessoa pelo ar, mas foi o prenúncio do que aconteceria décadas mais tarde.

1750

Por volta desse período, o soberano e comandante militar Hyder Ali, que governava a região de Mysore, no sul da Índia, começou a desenvolver foguetes que traziam uma importante inovação tecnológica: o uso de cilindros de metal para conter a pólvora do explosivo. Esse detalhe aumentou extraordinariamente a pressão interna do artefato e, com isso, a sua força de explosão e propulsão. Os novos foguetes, que eram amarrados com correias de couro a estacas de bambu, foram cruciais para as vitórias de Hyder Ali sobre as tropas inglesas da época. E, assim como foi determinante em termos militares, a novidade também alavancou as futuras pesquisas espaciais.

1753

Nascido na Croácia, o astrônomo e matemático Rudjer Josip Bošković, também conhecido como Ruggiero Giuseppe Boscovich, foi o primeiro a demonstrar que, diferentemente da Terra, a Lua não tem atmosfera.

A ausência de atmosfera é o motivo pelo qual o céu do nosso satélite é sempre preto, mesmo que o Sol esteja brilhando a pino sobre a superfície lunar. Resumidamente, a questão é esta: o azul que vemos no céu da Terra é resultado do espalhamento das ondas de luz vindas do Sol pelas partículas da atmosfera. Como a Lua não tem atmosfera para espalhar a luz solar, o céu por lá é sempre escuro, seja dia ou seja noite.

1777

A primeira jornada musical que, de forma mais elaborada e consistente, envolveu o nosso satélite se deu pela batuta do compositor austríaco Franz Joseph Haydn. Considerado um dos principais nomes do período clássico da música, ao lado de Mozart e Beethoven, Haydn apresentou a ópera cômica *Il mondo della Luna* ("O mundo da Lua") diante de uma plateia de nobres no suntuoso Palácio Esterházy, na Hungria.

Baseada no libreto escrito pelo dramaturgo italiano Carlo Goldoni, a ópera de Haydn acompanha as trapalhadas de um pseudoastrônomo e seu amigo, que, apaixonados pelas filhas de um rígido aristocrata, juntam-se às duas irmãs e arquitetam um plano mirabolante para conseguirem se casar: eles preparam todo um cenário como se fosse o solo lunar, e, depois de administrar um elixir inebriante para o pai das moças, conseguem iludi-lo de que havia sido transportado para a Lua. Lá, então, ele tem um encontro com o Imperador da Lua (na verdade, um servo disfarçado) e este, por fim, acaba convencendo o aristocrata de que suas filhas deveriam se casar com a dupla de amigos.

Cartaz original da primeira apresentação da ópera *Il mondo della Luna*, de Joseph Haydn.

IL MONDO DELLA LUNA.

DRAMMA GIOCOSO
IN TRE ATTI.

RAPPRESENTATO
SUL TEATRO D'ESTERHÁZ,
ALL' OCCASIONE DEGLI FELICI SPONSALI
DEL
SIGNORE NICOLO,
CONTE
ESTERHAZY
DI
GALANTHA,
FIGLIO DI S. A. S.
E
LA SIGNORA CONTESSA
MARIA ANNA
WEISSENWOLF.

L'ESTATE DELL ANNO 1777.

IN VIENNA,
PRESSO GIUSEPE NOB. DE KURZBECK, STAMPA-
TORE ORIENT. DI S. M. IMP. R. A.

1783

Aprimorando a "espaçonave" criada pelo padre Bartolomeu de Gusmão, os franceses Jacques-Étienne e Joseph-Michel Montgolfier, conhecidos como irmãos Montgolfier, desenvolveram balões capazes de sustentar o peso de uma pessoa, finalmente realizando a proeza de colocar os primeiros seres humanos no ar em segurança.

Depois de fazer algumas apresentações públicas de sua invenção – em que chegaram a enviar uma ovelha, um galo e um pato como passageiros do balão –, no dia 21 de novembro os irmãos Montgolfier deixaram a população de Paris em êxtase ao lançar pelo espaço o seu enorme aeróstato, que sobrevoou a cidade por cerca de 25 minutos com os pilotos Jean-François Pilâtre de Rozier e François Laurent d'Arlandes a bordo.

A façanha da dupla de inventores posteriormente lhes garantiu uma homenagem em solo lunar, onde dão nome à Cratera Montgolfier. Só que, no caso deles, há uma curiosidade a mais. A Montgolfier faz parte de um conjunto de crateras cujo formato peculiar acabou ganhando o apelido de "**pata do gato**", e foi justamente bem perto desse local que, quase dois séculos após a decolagem dos irmãos franceses, os astronautas da Apollo 11 pousaram o seu "balão" na Lua.

1801

Esse ano marca o nascimento de uma das composições mais célebres que, ao longo da história, ficaram associadas ao nosso satélite: a *Sonata ao luar*, do compositor alemão Ludwig van Beethoven. Na verdade, a peça foi batizada por ele como *Sonata para piano nº 14, Op. 27, nº 2: Sonata quasi una fantasia*, mas ganhou seu "apelido oficial" em 1832, quando um crítico musical da época comparou a sensação provocada pela música àquela do luar sendo refletido nas águas de um lago.

Estruturada em três partes, ou três movimentos, a sonata foi tocada pela primeira vez pelo próprio Beethoven ao piano. Conta-se que Beethoven, cuja audição já começava a se deteriorar na época, tocou a última parte da obra com tanto vigor e entusiasmo que algumas cordas do piano chegaram a arrebentar durante a apresentação.

O compositor alemão, aliás, ficaria entusiasmado por saber que, um dia, sua composição chegaria a ser "tocada" pela própria Lua! Pois é. Em 2007, a artista escocesa Katie Paterson fez um experimento genial: ela transformou a *Sonata ao luar* em uma mensagem de código Morse que foi enviada na direção da Lua através de uma onda de rádio; então, após ser refletida pela superfície lunar de volta para a Terra, a onda de rádio foi transposta novamente para a linguagem musical, transformando-se numa nova composição, que foi tocada na exposição da artista. Curiosamente, a **nova versão** ficou bem parecida com a original, mas tem vários intervalos de silêncio, das notas que se perderam durante a viagem espacial.

1824

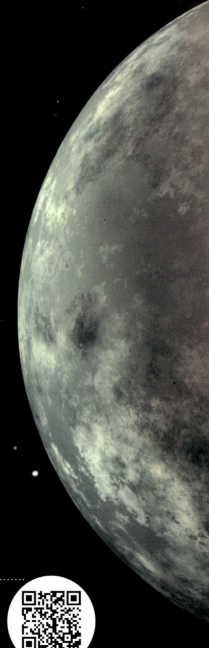

O astrônomo alemão Franz von Gruithuisen foi o primeiro a sugerir que as crateras da Lua se formaram a partir da colisão de meteoros na sua superfície. Na verdade, como se descobriu após a análise das rochas que foram trazidas pelos astronautas, o próprio surgimento do nosso satélite estaria ligado a um impacto gigantesco ocorrido durante a formação do Sistema Solar.

Segundo a teoria mais aceita sobre o nascimento da Lua, há cerca de 4,5 bilhões de anos um protoplaneta imenso chamado Theia, que tinha o mesmo tamanho de Marte, cruzou a órbita da Terra e bateu de frente com o nosso planeta. A explosão foi tão colossal que varreu Theia do mapa e lançou boa parte da crosta terrestre para o espaço. Uma grande quantidade dos estilhaços caiu de volta na Terra – que então era uma "jovenzinha" com cerca de 50 milhões de anos –, mas a maior parte desses fragmentos acabou formando um anel de rochas incandescentes que ficou girando na órbita terrestre. E foi esse material que, eventualmente, se aglutinou e deu origem à Lua (*confira no **vídeo da Nasa***).

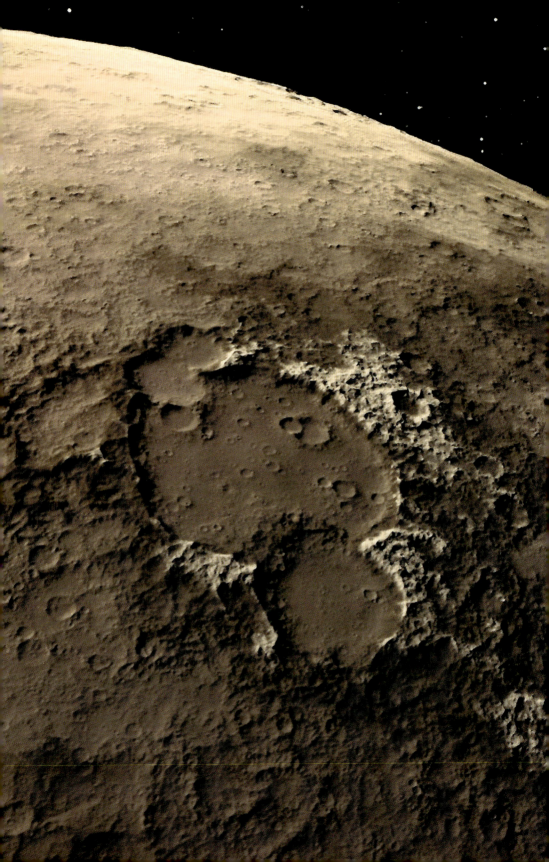

Desde então, como sugeriu Gruithuisen, a história do nosso satélite é marcada pelas cicatrizes deixadas por meteoros em sua superfície. Os cientistas acreditam que a maioria das grandes crateras da Lua tenha surgido há cerca de 4 bilhões de anos, quando uma chuva de meteoros gigantes atingiu todo o Sistema Solar.

Ao longo do tempo, o bombardeio de corpos celestes sobre a Lua foi perdendo a intensidade, mas, embora tenha diminuído, ele nunca cessou – estima-se que, todos os anos, a Lua ganhe cerca de duzentas novas crateras com mais de 10 metros de diâmetro. O caso é que, ao contrário do que acontece na Terra, a Lua não possui atmosfera para desintegrar ou, ao menos, frear os pedregulhos que caem na sua direção. Com isso, eles acabam atingindo o solo lunar com força total, abrindo crateras que variam conforme o tamanho de cada um.

As primeiras fotos realmente nítidas da Lua foram feitas pelos americanos John Adams Whipple, um dos pioneiros da fotografia, e William Cranch Bond, astrônomo e primeiro diretor do Observatório da Universidade Harvard. Após inúmeras tentativas, em que usaram o enorme telescópio do observatório de Harvard e um daguerreótipo – antigo aparelho que fixava as imagens numa placa de cobre –, os dois conseguiram capturar uma foto ainda hoje surpreendente do nosso satélite.

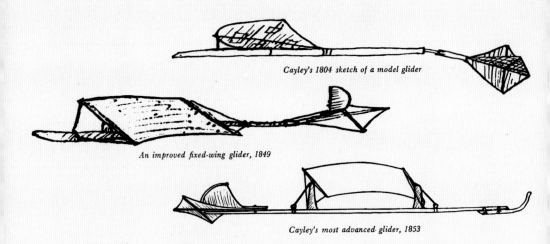

Cayley's 1804 sketch of a model glider

An improved fixed-wing glider, 1849

Cayley's most advanced glider, 1853

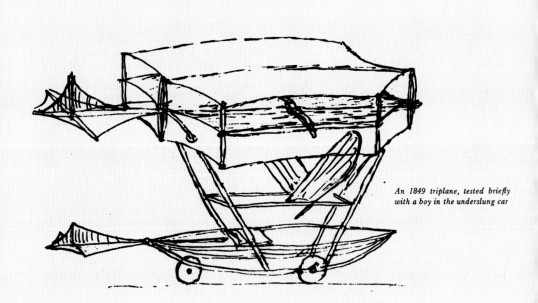

An 1849 triplane, tested briefly with a boy in the underslung car

Esboços dos planadores desenvolvidos por George Cayley.

1853

Nesse ano, o cientista e inventor inglês George Cayley enterrou, de uma vez por todas, a antiga ideia de que o homem seria capaz de voar somente no dia em que conseguisse replicar o movimento do bater de asas dos pássaros. Conhecido como o pai da engenharia aeronáutica, Cayley realizou estudos pioneiros da ciência da aviação, desenvolvendo o que seria a configuração moderna dos futuros aviões: aparelhos com asas fixas e sistemas independentes de propulsão, decolagem e direção. Suas pesquisas culminaram com o primeiro voo de que se tem notícia de um **planador tripulado**.

Posicionada no topo de uma encosta, a aeronave construída por ele foi puxada morro abaixo por meio de uma corda até que, finalmente, saiu planando por quase 200 metros pelos céus ingleses, levando um relutante aprendiz de piloto no comando. O caso é que, como já estava com 79 anos de idade, Cayley convocou o próprio cocheiro de sua carruagem para realizar o histórico voo. Conta-se que, após o planador tocar o solo, e ainda em choque com a aventura aérea, o cocheiro teria dito ao patrão: "Senhor George, por favor, gostaria de avisá-lo: fui contratado para dirigir, não para voar".

Cayley's 1852 design for a man-carrying glider

ALL: CHARLES H. GIBBS-SMITH

1865

O campo gravitacional da Lua também atrairia a imaginação de um dos maiores mestres da ficção, o escritor francês Júlio Verne. Nesse ano, ele publicou o aclamado *Da Terra à Lua*, um clássico da ficção científica que, apesar de seu caráter imaginário, influenciou praticamente todos os principais cientistas espaciais da história.

No livro, Verne narra as peripécias dos membros do Clube do Canhão, um bando de veteranos da Guerra Civil americana que têm a ideia mirabolante de criar um enorme canhão com o qual lançariam um projétil tripulado até a Lua – a viagem propriamente dita é narrada na sequência da obra, lançada em 1870.

Além da qualidade literária em si, *Da Terra à Lua* entrou para a história como a primeira obra de ficção a tratar uma jornada à Lua em termos plausíveis e coerentes de engenharia. Verne não só apresentou situações condizentes com a realidade, como a diminuição da gravidade e a ausência de ar, como fez algumas previsões curiosas. Por exemplo: os Estados Unidos seriam o primeiro país a lançar um veículo tripulado para a Lua; a nave de Verne tinha um formato bem semelhante ao do módulo de comando das missões Apollo; a nave contava com retrofoguetes, tal qual nas missões Apollo; e, por fim, ao retornar para a Terra, os aventureiros de Verne pousaram nas águas do Oceano Pacífico, mesmo local onde, mais de um século após a publicação do livro, a Apollo 11 pousaria ao voltar da Lua.

Capa e ilustrações originais das primeiras edições da obra de Júlio Verne.

1889

Como não poderia deixar de ser, muitos luminares da pintura também foram arrebatados pela Lua na hora de dar vida às suas criações. Nesse ano, por exemplo, o holandês Vincent van Gogh a transformou no cintilante farol que, do alto de seu devaneio, ilumina *A noite estrelada*.

Cada um no seu estilo, outros grandes nomes da arte no século XIX, como o pintor norueguês Edvard Munch e o ilustrador francês Gustave Doré, também imortalizaram a musa celestial em suas obras.

Luar, tela de Edvard Munch (*acima*),
e *Viagem à Lua*, ilustração de
Gustave Doré (*ao lado*).

1902

Nesse ano, chegava às telas aquele que é considerado o primeiro filme de ficção científica da história: o clássico *Viagem à Lua*, do cineasta francês Georges Méliès. Inspirada na obra de Júlio Verne, bem como no livro *Os primeiros homens na Lua*, publicado um ano antes pelo britânico H. G. Wells, a película fez um enorme sucesso na época, mas não tinha nenhuma pretensão de realismo, pelo contrário. Com pouco mais de treze minutos de duração, o **curta-metragem** é repleto de situações surreais – a inusitada cena do pouso, por exemplo, em que a nave acerta em cheio o olho do homem na Lua, é uma das imagens mais emblemáticas da iconografia do cinema.

1903

Nesse ano, o cientista e filósofo russo Konstantin Tsiolkóvski publicou uma das obras fundamentais para a conquista do espaço, o tratado "A exploração do espaço cósmico por meio de dispositivos de reação". Considerado um dos pais da exploração espacial, Tsiolkóvski defendia que só por meio de poderosos foguetes seria possível alcançar o espaço sideral.

Ele foi o primeiro a calcular a velocidade necessária para um foguete conseguir escapar da gravidade da Terra e entrar em órbita, assim como a quantidade de combustível que seria preciso para isso. É dele também a noção de que os foguetes deveriam ser aparelhos de múltiplos estágios, movidos, primordialmente, por oxigênio e hidrogênio líquidos.

Além de definir os princípios básicos que, décadas mais tarde, permitiram a chegada do homem à Lua, Tsiolkóvski antecipou muitas inovações da exploração do cosmo, como o desenvolvimento de estações espaciais, a criação de trajes para atividades fora das naves, e sistemas biológicos para fornecer alimento e ar em futuras colônias no espaço.

Para o visionário cientista russo, o destino do ser humano residia, inexoravelmente, nas vastidões do universo. Como ele afirmou: "A Terra é o berço da humanidade. Mas não se pode viver no berço para sempre".

1903

Por volta das 10 horas e 30 minutos da manhã, no dia 17 de dezembro, os irmãos Wilbur e Orville Wright fizeram história ao realizar o primeiro voo controlado e motorizado de um aparelho mais pesado que o ar. O voo inaugural durou apenas doze segundos – nos quais o avião percorreu 36 metros –, mas foi tempo suficiente para que os inventores americanos ampliassem, para sempre, os horizontes do espaço aéreo.

A proeza dos irmãos Wright foi fruto, sobretudo, de uma abordagem minuciosa em termos de engenharia. Foram eles, por exemplo, os primeiros a se concentrar na questão do controle da aeronave, um aspecto que sempre havia ludibriado outros desbravadores da aviação. Embora até hoje persista a controvérsia em relação a quem teria, de fato, inventado o avião, se os irmãos Wright ou o brasileiro Alberto Santos-Dumont, o crédito pela invenção é dado aos americanos.

Pendengas à parte, o inventor mineiro é reconhecidamente um dos fundadores da aviação e ficaria feliz de saber que, se algum dia voasse com seu 14-bis para a Lua, poderia até pousar numa cratera batizada em sua homenagem. Com 8 quilômetros de diâmetro, a Cratera Santos-Dumont fica nas bordas de uma imensa cordilheira lunar, os Montes Apeninos, e está a poucos quilômetros do ponto onde, em 1971, os "aviadores" da missão Apollo 15 fizeram seu pouso.

O histórico voo dos irmãos Wright (*acima*), o 14-bis voando em Paris, e a Cratera Santos-Dumont em imagem da Nasa (*abaixo*).

1905

Inspirado nos versos do poeta Paul Verlaine, autor do poema "Clair de lune" ("Luar"), o compositor francês Claude Debussy deu vida a uma de suas obras mais memoráveis, a *Suíte bergamasque*, cujo terceiro movimento chama-se justamente "Clair de lune". Essa composição de Debussy acabou se tornando uma das peças mais populares de toda a história da música erudita e, quando já contava com mais de um século de idade, serviu de trilha sonora para uma produção fascinante sobre o nosso satélite.

Em 2018, a Nasa compilou uma série de imagens captadas pela sonda Lunar Reconnaissance Orbiter (que, desde 2009, sobrevoa a órbita da Lua) e montou um **vídeo** que, com incrível nitidez, acompanha o movimento da luz do Sol sobre a superfície lunar. O resultado é um poético bailado de luz e sombras que evoca as próprias notas e versos de "Clair de lune": "a sua canção mistura--se com o luar/ Com o calmo luar triste e belo/ Que faz sonhar as aves nas árvores/ E soluçar de êxtase os jatos de água".

1914

O cancioneiro popular também enxergaria na Lua uma fonte reluzente e inesgotável de inspiração. Nesse ano, por exemplo, nasceu uma das canções mais conhecidas em todo o Brasil, e que já é parte indelével da memória afetivo-musical do país: "Luar do sertão".

Composta por João Pernambuco e Catulo da Paixão Cearense, ela foi gravada pela primeira vez pelo cantor Eduardo das Neves e, ao longo das décadas, foi cantada e recantada por toda sorte de intérpretes. Desde nomes consagrados como Baden Powell, Maria Bethânia, **Luiz Gonzaga e Milton Nascimento** até estrelas da música internacional, como o americano Pete Seeger e a alemã Marlene Dietrich, inúmeros artistas se encantaram – e fizeram encantar – com os versos da cantiga.

Versos singelos que, enquanto tecem louvores à simplicidade da vida no campo, são intercalados pelo refrão a nos lembrar que "Não há, oh gente, oh não/ Luar como esse do sertão".

1923

Outro visionário tido como um dos pais da exploração espacial, o cientista alemão Hermann Oberth publicou nesse ano a obra *O foguete no espaço interplanetário*. Sem saber das pesquisas desenvolvidas pelo russo Tsiolkóvski, Hermann Oberth chegou a conclusões incrivelmente similares. Nessa obra, ele explicou toda a matemática por trás da tecnologia dos foguetes, calculou a aerodinâmica ideal das naves e, entre outras coisas, discutiu as bases teóricas para a construção de estações espaciais e viagens a outros planetas.

Os estudos de Oberth geraram uma espécie de "febre dos foguetes" na Alemanha, influenciando toda uma nova geração de pesquisadores. Um desses cientistas, que se tornou assistente de Oberth, foi justamente o jovem Wernher von Braun, que, após o final da Segunda Guerra, seria o principal nome do programa espacial americano.

Na década de 1950, Oberth chegou a passar alguns anos nos Estados Unidos a pedido de Von Braun, para ajudá-lo no desenvolvimento dos foguetes americanos. E, em 1969, foi o convidado de honra de Von Braun para assistir ao lançamento do Saturno V, o poderoso foguete que levou a Apollo 11 em direção à Lua.

Hermann Oberth (*ao centro*) aparece ao lado de Wernher von Braun (*sentado na mesa*) junto de oficiais do programa espacial americano na década de 1950.

Nesse sentido, Hermann Oberth talvez tenha sido o único dentre a primeira geração de pioneiros espaciais que chegou a ver suas ideias se tornarem uma realidade. E ele ainda sonhava mais. Ao falar sobre qual seria o objetivo maior de seu trabalho, disse: "É colocar à disposição da vida todos os lugares onde a vida possa existir. É fazer com que todos os mundos ainda inabitados se tornem habitáveis, dando propósito a toda a existência".

1926

No dia 16 de março, o físico e inventor americano Robert Goddard realizou o primeiro lançamento de sucesso de um foguete impulsionado a combustível líquido. O artefato atingiu uma altura de 12,5 metros e voou por 56 metros até se espatifar no chão. A façanha de Goddard inaugurou a fase dos combustíveis líquidos, deixando para trás outra antiga limitação tecnológica.

Considerado um dos fundadores da era espacial, ao lado de Konstantin Tsiolkóvski e Hermann Oberth, o cientista americano também precisou deixar para trás uma enxurrada de críticas e ceticismo para dar continuidade a seu trabalho.

Em 1920, por exemplo, Goddard havia publicado um artigo científico reunindo seus principais estudos, no qual, entre outras coisas, defendia que foguetes poderiam ser usados para o transporte de equipamentos e do próprio homem à Lua. Apesar de terem sido publicadas com a chancela do renomado Instituto Smithsoniano, as teses de Goddard foram ridicularizadas pela mídia da época, que chegou a lhe dar o irônico apelido de Homem da Lua.

Entre os zombeteiros, estava o próprio jornal *The New York Times*, que, décadas mais tarde, reconheceu o seu erro: a retratação foi publicada na edição de 17 de julho de 1969, um dia após o lançamento da primeira missão tripulada à Lua.

Robert Goddard e seu foguete impulsionado a combustível líquido. No detalhe, a retratação publicada pelo *The New York Times*.

Imune ao burburinho da crítica, Goddard continuou suas pesquisas longe dos holofotes da mídia até a sua morte, em 1945. Como se antevisse o que estava por vir, afirmou: "É difícil dizer o que é impossível, pois o sonho de ontem é a esperança de hoje e a realidade de amanhã".

1933

Um dos maiores nomes da língua portuguesa, o poeta Fernando Pessoa também foi buscar inspiração no brilho da Lua para escrever um de seus mais belos poemas. Pela voz de Ricardo Reis, um de seus heterônimos, ele usa a presença altaneira da Lua como metáfora da postura que devemos ter para atingirmos nossa própria grandeza na vida:

> Para ser grande, sê inteiro: nada
> Teu exagera ou exclui.
> Sê todo em cada coisa. Põe quanto és
> No mínimo que fazes.
> Assim em cada lago a Lua toda
> Brilha, porque alta vive.

1934

Nesse ano, o escritor inglês Arthur C. Clarke, considerado um dos maiores mestres da ficção científica, tornou-se membro da Sociedade Interplanetária Britânica, um seleto grupo que se reunia para discutir os avanços da exploração espacial e a consequente conquista do espaço pelo homem. Ideias como as que eram discutidas nas reuniões desse grupo serviram de inspiração para que Clarke criasse muitas de suas obras consagradas e, anos mais tarde, ajudasse a dar vida a um dos maiores clássicos do cinema, o filme *2001: Uma odisseia no espaço*, dirigido por Stanley Kubrick (*veja mais na pág. 212*).

Para Clarke, a exploração espacial era fruto de uma busca que transcendia, em muito, os aspectos meramente tecnológicos. Numa de suas frases mais famosas, que passou a ser conhecida como uma das "leis de Clarke", ele afirma: "Qualquer tecnologia suficientemente avançada é indistinguível da magia".

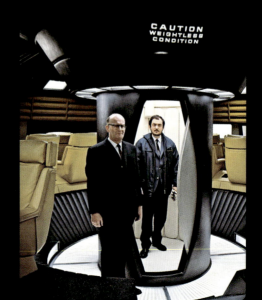

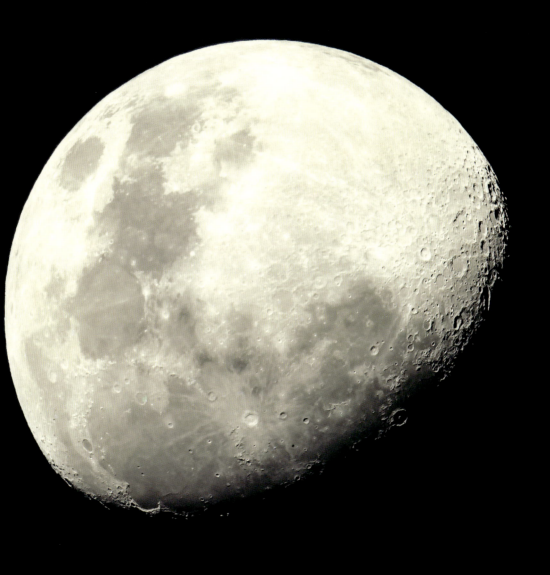

Arthur C. Clarke (*à frente*) e
Stanley Kubrick no set de filmagem
de *2001: Uma odisseia no espaço*.

1945

Com o fim da Segunda Guerra, os Estados Unidos e a então União Soviética dividiram o controle do território alemão e de todo o aparato tecnológico desenvolvido pelos nazistas, o que incluía as avançadas pesquisas no campo dos foguetes. A divisão do espólio nazista também incluiu as mentes mais brilhantes da engenharia alemã. E, nesse sentido, os Estados Unidos levaram vantagem: criador dos poderosos foguetes V-2, o cientista Wernher von Braun se entregou ao exército americano e, junto com outros especialistas de sua equipe, foi levado para os Estados Unidos. Lá, ele se tornou uma figura central do programa espacial americano, tanto em termos de conhecimento tecnológico quanto de *marketing* junto à opinião pública e ao governo do país.

Com uma trajetória de vida que, para muitos, causa um misto de atração e repulsa, Von Braun talvez seja uma das figuras que mais bem reflita toda a complexidade da alma humana. Foi o interesse pela exploração espacial e, sobretudo, sua vontade inabalável de levar o homem à Lua, que fez com que Von Braun se voltasse para a construção de foguetes e tenha se tornado, aos 20 anos de idade, um dos principais nomes da pesquisa espacial alemã.

Porém, com a ascensão de Hitler ao poder na década de 1930, Von Braun e outros cientistas tiveram que focar na criação de foguetes para a máquina de guerra nazista. Foi ao longo desse período que ele e sua equipe desenvolveram o que viria a ser uma das armas mais potentes do exército nazista, os temíveis **foguetes V-2**. Lançados com sucesso pela primeira vez em 1942, eles foram usados pelas tropas de Hitler para bombardear a Inglaterra durante a Segunda Guerra, causando milhares de mortes.

Acontece que, embora tivesse plena clareza dos objetivos que os nazistas tinham com o V-2, Von Braun só pensava no foguete como um instrumento para chegar até a Lua. Na verdade, Von Braun chegou até a ser preso pelo comando nazista durante a guerra, justamente por afirmar que seu único interesse em relação aos V-2 era a conquista da Lua, e não a de outros países – ele só não ficou atrás das grades por conta de um pedido feito ao próprio Hitler pelo general que comandava o programa bélico alemão, pois, segundo ele, sem Von Braun a Alemanha nunca conseguiria desenvolver seus foguetes.

Com a aproximação do fim do conflito, Von Braun já tinha planos de se entregar ao exército americano, pois acreditava que só nos Estados Unidos conseguiria dar prosseguimento às suas pesquisas para levar o homem até a Lua. Dito e feito. Levado para os Estados Unidos, Von Braun acabou se transformando numa verdadeira lenda no país. Primeiramente, por conta de sua genialidade científica. Foram suas pesquisas com o V-2, por exemplo, que serviram de base para o desenvolvimento dos futuros foguetes usados pela Nasa, culminando com a criação do gigantesco Saturno V, que levaria a Apollo 11 até a Lua.

Mas suas habilidades como marqueteiro também foram vitais para torná-lo uma celebridade nacional. Von Braun era um orador extremamente carismático e, ao longo dos anos, deu centenas de entrevistas para revistas e jornais, além de aparecer numa série de programas de rádio e televisão americanos, ajudando a criar um ambiente favorável à ideia das viagens à Lua entre o público e a classe política do país.

Para se ter ideia da popularidade de Von Braun, na década de 1950 ele chegou a trabalhar diretamente com Walt Disney, exercendo a função de diretor técnico na produção de três filmes sobre a exploração espacial. Ou seja, o mesmo homem que, anos antes, chegara a se reunir com um dos seres mais atrozes da história da humanidade, o *Führer* em pessoa, agora se reunia com o criador do Mickey Mouse.

Seja como for, sempre alheio às controvérsias que giravam em torno de seu nome, Von Braun manteve-se fiel à meta que havia traçado ainda na juventude. E, nas vésperas do lançamento da Apollo 11, quando perguntado sobre qual era, a seu ver, a importância de se colocar um homem na Lua, foi taxativo: "Para mim, é tão importante quanto o momento em que, na história da evolução, as espécies aquáticas vieram se arrastando para terra firme".

Von Braun explica o funcionamento dos foguetes para o presidente John F. Kennedy (*acima*) e recebe a visita de Walt Disney (*abaixo*), com quem produziu filmes sobre a exploração espacial.

1946

Enquanto a ciência seguia firme na busca por alcançar a Lua de "carne e osso", muitos ícones da pintura do século XX já se aventuravam pelas luas imaginárias de sua criação. O pintor mexicano Rufino Tamayo, por exemplo, apresentou nesse ano uma de suas telas mais famosas, a obra *Mulheres alcançando a Lua*.

O artista franco-russo Marc Chagall e o catalão Joan Miró são outros que se entregaram aos devaneios lunares na hora de compor algumas de suas obras mais celebradas, como a onírica ***O concerto***, em que a Lua de Chagall rege o navegar dos amantes.

A tela *Mulheres alcançando a Lua*, de Rufino Tamayo.

1947

No Brasil, a Lua também iluminou a criação de vários nomes de peso das artes plásticas. Tal foi o caso do pintor Candido Portinari, que, nesse ano, a retratou mais uma vez como a eterna companheira para a solidão de seus **espantalhos**. Na verdade, assim como fez na série dos espantalhos, Portinari usou a sobriedade da luz noturna para expressar todo o drama dos retirantes que, sob o olhar agourento dos urubus, são velados pela Lua em sua luta pela sobrevivência.

Em tons menos dramáticos, a Lua também brilha nas obras de outros artistas, como Tarsila do Amaral, Lasar Segall e o xilogravurista J. Borges, que perpetuaram o cintilar do satélite nas telas da imaginação popular.

A tela *Retirantes*, de Candido Portinari.
Nas págs. seguintes, a pintura *A Lua*,
de Tarsila do Amaral.

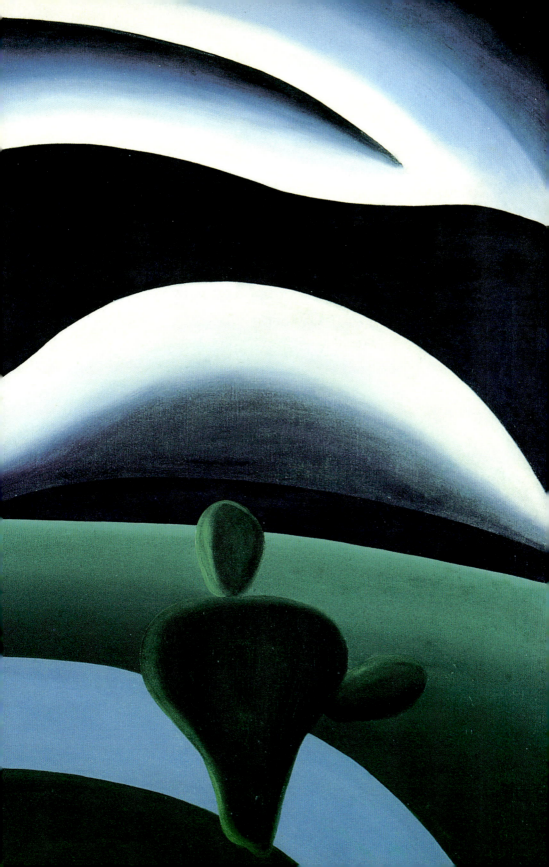

60

1947

Mais um antigo limite tecnológico foi superado quando, no dia 14 de outubro, a bordo de um jato Bell X-1, o piloto americano Chuck Yeager tornou-se o primeiro homem a quebrar a barreira do som. Inicialmente, o X-1 decolou da área de testes no sul da Califórnia acoplado a um bombardeiro B-29, que o levou até cerca de 7.600 metros de altitude. Então, após separar-se do B-29, Yeager acionou os propulsores do X-1 e, quando já estava a quase 12.000 metros de altura, rompeu a barreira do som, que, nessa altitude, é de aproximadamente 1.066 quilômetros por hora. A façanha de Yeager foi um passo importantíssimo para avaliar tanto a capacidade dos pilotos quanto das aeronaves de suportar as intempéries dos voos supersônicos.

Um bombardeiro B-29 carrega o avião no qual o piloto Chuck Yeager quebraria a barreira do som. No detalhe, link para um vídeo do histórico voo.

Nesse ano, o poeta e estudioso inglês Robert Graves publicou o livro *A deusa branca*, no qual faz o resgate da Lua como divindade primordial da cosmologia das sociedades arcaicas. Como escreveu no prefácio da obra: "A linguagem do mito poético difundido na Antiguidade [...] era uma linguagem mágica vinculada a cerimônias religiosas populares em honra à deusa-lua [...] a qual permanece como linguagem da verdadeira poesia".

Fruto da pesquisa sobre mitos antigos feita por Graves, que lecionou na Universidade de Oxford, o livro foi um dos primeiros a discorrer de forma mais detalhada sobre a figura da deusa tríplice – a entidade lunar que, manifesta nas três fases visíveis da Lua, simboliza os três aspectos do princípio feminino: a donzela, a mãe e a anciã. Na Lua crescente, a deusa representa a pureza da jovem, tempo de entusiasmo e florescimento; na Lua cheia, ela é a mulher madura, a mãe doadora e protetora da vida; por fim, na fase minguante, a deusa-lua é a anciã de quem emana toda a sabedoria.

Na verdade, como mostrou o psicanalista suíço Carl G. Jung, esse arquétipo da lua-deusa não está necessariamente ligado ao sexo feminino, mas, sim, a aspectos que estariam presentes na personalidade de todas as pessoas. Ao longo dos anos, essa imagem da deusa tríplice foi incorporada por vários movimentos daquilo que se costuma chamar de Nova Era, como grupos feministas e movimentos ecológicos. Esses grupos defendem uma reconexão com os princípios femininos que, de acordo com eles, estariam manifestos nas próprias forças da natureza, em especial na Lua, a grande matriarca que, ao lado do Sol, regeria e protegeria todos os ciclos vitais. Como diz um cântico ligado ao xamanismo amazônico contemporâneo: "Oh Lua branca, mãe do céu a iluminar/ Oh Lua branca, minha vida a ti louvar [...] Dona dos ciclos, das passagens temporais/ Dona dos ciclos, rogo a ti rogai por nós".

O próprio cantor Ney Matogrosso fez uma **gravação antológica** de uma dessas canções, que, pertencentes às tradições da floresta, prestam louvores e agradecimento à Lua.

1950

Dirigido pelo americano Irving Pichel, o filme *A conquista da Lua* é tido como a primeira obra cinematográfica que buscou retratar, da forma mais realista possível, como se daria uma viagem até o nosso satélite. O longa-metragem, que ganhou o Oscar de efeitos especiais, contou com consultores técnicos para que as cenas fossem o mais cientificamente precisas, como em relação ao uso de trajes espaciais e à aceleração necessária para vencer a força da gravidade. O filme conta até com uma "participação especial" do Pica-Pau, que aparece numa **pequena animação** em que ajuda a explicar o funcionamento dos foguetes.

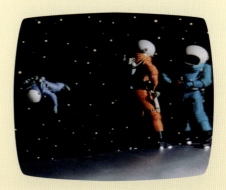

24 DE JULHO DE 1950

Nas palavras da própria agência espacial americana, "inaugurou-se um novo capítulo na história das viagens espaciais" com o lançamento do primeiro foguete a partir de Cabo Canaveral, na Flórida. Tratava-se do Bumper 8, um bólido composto por duas partes principais – ou dois estágios –, montadas sobre a base de um potente míssil V-2. Capaz de chegar a quase 400 quilômetros de altitude, um recorde para a época, o foguete carregava pequenos instrumentos para medir diversas condições durante o voo, como as variações de temperatura e os impactos da radiação cósmica.

4 DE OUTUBRO DE 1957

Nesse dia, a União Soviética lançou o Sputnik 1, primeiro satélite artificial a ser colocado na órbita da Terra. Com 58 centímetros de diâmetro e 83,6 quilos, o Sputnik era equipado com um transmissor de rádio que emitia um bipe enquanto circulava ao redor do planeta, a uma altitude máxima de quase 940 quilômetros.

Com a façanha, os soviéticos tomaram a dianteira na corrida espacial entre a União Soviética e os Estados Unidos. O fato é que, no explosivo contexto da Guerra Fria, a exploração espacial era usada pelos dois países como arma de propaganda política. Nesse sentido, ao longo dos anos seguintes, as duas superpotências se revezaram numa série de recordes e "primeiros lugares", investindo pesado para mostrar ao mundo quem era a maior potência do espaço e, por fim, chegaria primeiro à Lua.

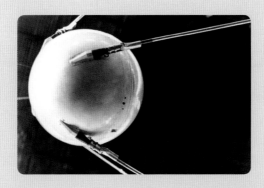

3 DE NOVEMBRO DE 1957

Um mês após o lançamento do Sputnik 1, a União Soviética colocou o primeiro ser vivo no espaço a bordo do Sputnik 2, a cadelinha Laika. Pesando cerca de 6 quilos, e com aproximadamente dois anos de idade, a vira-lata havia sido recolhida das ruas para fazer parte das pesquisas do programa espacial soviético. A cachorrinha foi submetida a um treinamento intenso e, tão logo sua proeza foi divulgada, transformou-se em celebridade mundial. Seu destino, porém, foi trágico.

Desde o começo, os soviéticos sabiam que a viajante não sobreviveria ao voo, pois ainda não tinham desenvolvido a tecnologia para trazê-la de volta à Terra. Só que, de acordo com a versão oficial, ela seria sacrificada após alguns dias no espaço (com o uso de veneno) e morreria sem sofrimento antes de o estoque de oxigênio da nave acabar. Entretanto, como se soube décadas mais tarde, a morte da cadelinha aconteceu bem antes: poucas horas após o lançamento, Laika morreu vítima de uma combinação de estresse (seu ritmo cardíaco disparou por causa do pânico) e de superaquecimento, provavelmente devido a uma falha no sistema térmico da nave.

Apesar da tragédia e da polêmica gerada por sua morte, a viagem ajudou a compreender os mecanismos capazes de sustentar a vida no espaço. Ao longo dos anos, vários outros animais, como ratos, aranhas e chimpanzés, foram enviados ao espaço, só que, dessa vez, tomando-se o cuidado de preservar a vida dos "bichonautas".

A cachorrinha Laika durante os treinamentos, e o traje espacial usado por ela (*ao lado*).

31 DE JANEIRO DE 1958

Correndo atrás dos avanços soviéticos, os Estados Unidos finalmente colocaram o seu primeiro satélite em órbita, o **Explorer 1**. Apesar do atraso em relação ao Sputnik, o satélite americano fez a sua parte ao revelar que a Terra é envolta por duas zonas de radiação, conhecidas como cinturão de Van Allen. É lá que, devido à concentração de partículas elétricas, ocorrem vários fenômenos magnéticos, como as auroras polares e as tempestades magnéticas.

1º DE OUTUBRO DE 1958

Nesse dia, a todo-poderosa agência espacial americana entrou em operação. Com a criação da Nasa (National Aeronautics and Space Administration), as pesquisas que já vinham sendo desenvolvidas pelos Estados Unidos ganharam um impulso definitivo rumo à conquista da Lua e dos recônditos ainda não desbravados no universo.

2 DE JANEIRO DE 1959

Os soviéticos seguiram na dianteira ao lançar a sonda Luna 1, que se tornou a primeira nave a conseguir vencer a gravidade da Terra e escapar de sua órbita. Embora tenha errado seu alvo inicial – o objetivo da missão era atingir a Lua –, a sonda foi ainda mais longe, tornando-se o primeiro artefato criado pelo homem a circular na órbita do Sol.

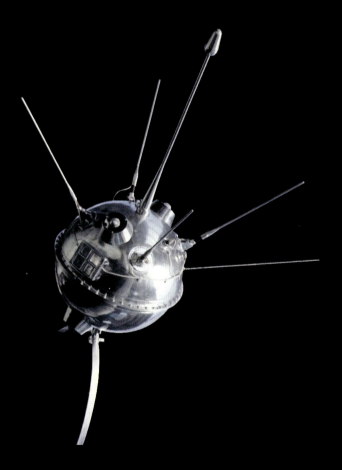

14 DE SETEMBRO DE 1959

Dez anos antes da primeira pegada do homem na Lua, a sonda soviética Luna 2 tornou-se a primeiríssima nave humana a pousar no solo lunar, quando, propositadamente, espatifou-se nas proximidades do Mar da Serenidade. Ela ainda revelou uma importante descoberta: a ausência de campo magnético significativo na Lua.

Além do feito científico, a cápsula também carregava em seu bojo um artefato de propaganda política bem ao estilo da Guerra Fria. Dentro da sonda havia uma **bola de metal** composta de vários gomos nos quais estavam inscritos o nome do país, o ano do pouso e a estrela soviética. Essa esfera de metal, por sua vez, contava com uma carga de explosivos programada para detonar na hora do impacto, espalhando os pequenos fragmentos de *marketing* pela até então imaculada superfície lunar.

7 DE OUTUBRO DE 1959

Lançada três dias antes, a sonda Luna 3 já estava a 63.500 quilômetros da Terra quando enviou as primeiras imagens jamais vistas do lado distante da Lua. Apesar da baixa resolução, as fotos enviadas pela nave soviética revelaram diferenças importantes entre a face mais afastada da Lua e o lado que está sempre voltado para a Terra.

Esse aspecto curioso em relação ao nosso satélite – de estar sempre com o mesmo lado voltado para a Terra – é fruto de uma sincronia incrível: a Lua dá um giro completo em torno do seu próprio eixo exatamente no mesmo período em que finaliza sua rotação em volta da Terra, em pouco mais de 27 dias. É por isso que enxergamos sempre a mesma face lunar, como se a Lua estivesse parada no céu (*confira no **vídeo***).

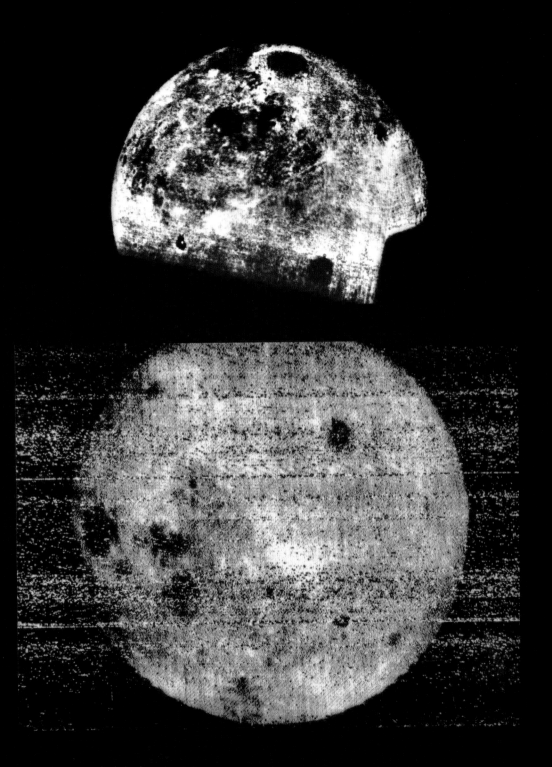

Imagens do lado distante da Lua enviadas pela sonda Luna 3.

11 DE NOVEMBRO DE 1959

Os avanços nas pesquisas espaciais também eram acompanhados por toda sorte de histórias fantásticas no universo dos quadrinhos. Dez anos antes da chegada do homem à Lua, por exemplo, o **Gato Félix** já aprontava das suas enfrentando um vilão para lá de atrapalhado em pleno solo lunar. Tratava-se do autoproclamado Mestre Cilindro, o Rei da Lua, irado com os intrusos que haviam se atrevido a pousar sua nave em seus domínios.

12 DE ABRIL DE 1961

Em mais um triunfo acachapante da União Soviética, nesse dia, às 9 horas e 7 minutos da manhã, Iúri Gagárin decolou a bordo da nave Vostok 1 para tornar-se o primeiro homem a viajar pelo espaço. Com apenas 27 anos de idade, o cosmonauta (como dizem os russos) permaneceu 108 minutos na órbita da Terra, tempo suficiente para dar uma volta completa em torno do planeta e, ao aterrissar de volta, transformar-se instantaneamente em celebridade mundial.

Tratado como herói na União Soviética, ele recebeu inúmeras honrarias no país – até a maior cidade de sua região natal, a antiga Gzhatsk, passou a chamar-se Gagárin em sua homenagem. Como parte de sua missão, o piloto saiu em turnê pelo mundo como garoto-propaganda do regime comunista. Ele fez, inclusive, uma festejada visita ao Brasil, onde foi condecorado com a Ordem do Mérito Aeronáutico pelo então presidente Jânio Quadros e paparicado por *socialites* da época.

Simpático e sorridente, Gagárin era a arma perfeita na guerra simbólica que os soviéticos travavam com os americanos pelas mentes e corações do mundo. Afinal, ele era o único que, pela primeira vez e por experiência própria, podia afirmar: "A Terra é azul".

Em visita ao Brasil, Iúri Gagárin é recebido como herói no Rio de Janeiro.

5 DE MAIO DE 1961

Pouco mais de vinte dias após a proeza de Gagárin, os americanos deram um jeito de correr atrás do prejuízo e colocaram o seu primeiro homem no espaço. A bordo da nave Freedom 7, o astronauta Alan Shepard fez um voo suborbital de exatos 15 minutos e 22 segundos. O feito de Shepard injetou boas doses de autoestima no espírito dos americanos, que vinham assistindo aos sucessivos triunfos dos soviéticos na corrida espacial.

Dez anos após ser o primeiro americano no espaço, Shepard ainda realizaria outra façanha espacial: em 1971, ele fez história ao integrar a missão Apollo 14 e ser o primeiro – e único – ser humano a jogar golfe na Lua.

25 DE MAIO DE 1961

Determinado a não ficar mais na rabeira dos soviéticos – o líder comunista Nikita Kruschev já havia até sido eleito o "homem do ano" pela **revista** *Time* –, o presidente John F. Kennedy fez um pronunciamento diante do Congresso americano em que estabelecia uma meta ambiciosa: levar um homem à Lua e trazê-lo com segurança de volta à Terra até o final da década.

Para provar que suas palavras não eram só bravatas de politiqueiro, Kennedy bancou vultosos e sucessivos aumentos no orçamento da Nasa, permitindo à agência americana investir numa série de missões que, por fim, culminariam no audacioso projeto Apollo. Como ele afirmou no histórico discurso: "Reconhecendo a dianteira conquistada pelos soviéticos [...] e admitindo a probabilidade de que, por algum tempo ainda, essa vantagem lhes permita obter sucessos ainda mais impressionantes, temos a obrigação de fazer novos esforços de nossa parte. Pois, embora não se possa garantir que algum dia seremos os primeiros, podemos garantir que, se falharmos em fazer esse esforço, certamente seremos os últimos".

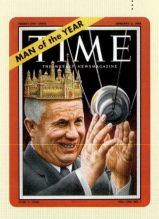

16 DE JUNHO DE 1963

E os soviéticos, de fato, ainda obteriam outros sucessos impressionantes, como previra Kennedy. Lançada a bordo da nave Vostok 6, a cosmonauta Valentina Tereshkova tornou-se a primeira mulher a viajar pelo espaço – ela permaneceu quase 71 horas em órbita, completando 48 voltas em torno do planeta. Assim como Gagárin, Tereshkova foi tratada como heroína nacional e saiu em turnê pelo mundo para divulgar mais uma primazia soviética.

Embora não tenha voltado a entrar em órbita, Tereshkova abriu caminho para todas as outras desbravadoras espaciais que viriam depois dela. Como afirmou: "Um pássaro não pode voar com apenas uma asa. Da mesma forma, o voo do ser humano pelo espaço não poderá seguir mais adiante se não tiver a participação ativa das mulheres".

Em turnê pelo mundo, Valentina Tereshkova é ovacionada pelo público em Berlim.

9 DE JUNHO DE 1964

Em meio ao compasso acelerado da disputa entre as superpotências, o cancioneiro popular novamente foi buscar suas melodias nos tons serenos do luar. Nesse dia, o cantor americano Frank Sinatra iniciou a gravação do disco *It Might as Well Be Swing*, que foi feito em parceria com o músico Count Basie e trouxe o que, para muitos, é a interpretação definitiva de um dos maiores *standards* do jazz: a música **"Fly Me to the Moon"**.

Composta pelo americano Bart Howard, a canção fez um sucesso estrondoso e, anos mais tarde, acabou entrando para a própria história das viagens espaciais – durante o percurso da Apollo 10 em direção à Lua, a versão de Sinatra foi tocada em um aparelhinho de fita cassete a bordo da nave, sendo transmitida ao vivo de volta para a Terra.

18 DE MARÇO DE 1965

Nesse dia, o cosmonauta soviético Alecksei Leonov fez a primeira caminhada espacial, permanecendo por dez minutos flutuando do lado de fora da nave Voskhod 2. Preso à espaçonave por meio de um cabo de quase 5 metros, Leonov fez várias observações e treinamentos de manobras aéreas antes de voltar para o interior da nave. Misto de astronauta e artista, Leonov costumava levar papel e material de pintura nas missões que realizava, e certamente se inspirou nesse primeiro rolé espacial para pintar as **obras** nas quais, mais tarde, retrataria suas impressões de viagem.

15 DE DEZEMBRO DE 1965

Em uma de suas missões mais arrojadas, a Nasa realizou o primeiro *rendez-vous* de duas naves tripuladas, quando as irmãs Gemini 6 e Gemini 7 orbitaram por mais de cinco horas bem próximas uma da outra – elas chegaram a ficar a poucos centímetros de distância, enquanto os astronautas treinavam manobras de aproximação e afastamento. Essa missão foi importante para que a Nasa pudesse testar a precisão do controle de voo das naves, um aspecto essencial para futuras manobras de pouso e decolagem na Lua.

Imagens da Gemini 7 captadas pela tripulação da Gemini 6, enquanto as duas naves orbitam próximas uma da outra.

3 DE FEVEREIRO DE 1966

Os soviéticos tomaram a dianteira mais uma vez quando a sonda **Luna 9** realizou o primeiro pouso controlado na superfície da Lua, descendo suavemente no meio do Oceano das Tormentas, o maior dos chamados mares lunares. Além do ineditismo da façanha, a sonda soviética enviou para a Terra as primeiras imagens colhidas em solo lunar e, o mais importante, mostrou que a superfície do satélite era sólida o suficiente para suportar o peso de uma nave maior. Até então, não se sabia se, ao pousar na Lua, uma espaçonave corria o risco de afundar em camadas grossas e fofas de pó.

16 DE MARÇO DE 1966

Antes de se tornar o primeiro homem a pisar na Lua, Neil Armstrong deu outra vitória aos americanos quando, ao lado do astronauta David Scott, realizou o primeiro acoplamento de sucesso entre duas naves espaciais. A bordo da Gemini 8, eles acoplaram com o **Veículo-Alvo Agena**, nome do aparelho usado para os exercícios de aproximação e acoplamento que, mais tarde, seriam fundamentais para o sucesso das missões Apollo.

3 DE ABRIL DE 1966

Nesse dia, a sonda **Luna 10** tornou-se o primeiro artefato a entrar em órbita em torno da Lua – era a primeira vez que nosso satélite ganhava seu próprio satélite artificial. Durante os quase dois meses em que permaneceu em funcionamento, a nave soviética completou 460 voltas ao redor da Lua, enviando uma série de dados sobre a geografia lunar. Entre as descobertas mais importantes estava a primeira evidência científica de que a composição interna da Lua não era uniforme.

Como não poderia deixar de ser, a viajante soviética também foi usada como propaganda política. Seu próprio lançamento havia sido programado para que a sonda entrasse na órbita lunar nas vésperas do 23º Congresso do Partido Comunista, para onde, então, ela enviaria uma reprodução ao vivo do hino da Internacional Comunista – a nave carregava um conjunto de osciladores que funcionavam como uma espécie de "telégrafo espacial", que estava programado para tocar as notas do hino comunista.

Assim, na manhã do dia 4 de abril, os alto-falantes do congresso comunista reproduziram com toda pompa o que seria uma transmissão da Internacional diretamente da órbita lunar. Na verdade, como se soube décadas depois, a bombástica apresentação não aconteceu ao vivo: a versão que se ouviu no congresso foi gravada no dia anterior, pois os controladores não quiseram correr o risco de alguma pane durante a performance da "caixinha de música" espacial.

10 DE AGOSTO DE 1966

Seguindo palmo a palmo na disputa com os soviéticos, os americanos lançaram seu primeiro artefato a entrar em órbita na Lua, a sonda Lunar Orbiter 1. Enquanto circulava em volta do satélite, a nave americana realizou uma série de fotos como parte de sua principal missão: fazer o mapeamento de locais seguros para futuros pousos em solo lunar. Antes de cair em direção à Lua, ela também captou a primeira imagem com boa qualidade da Terra vista da Lua.

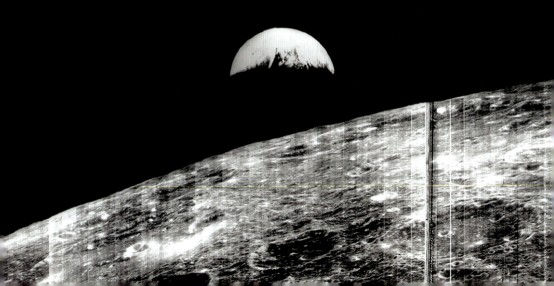

27 DE JANEIRO DE 1967

Os americanos sofreram um trágico revés quando, durante os testes de pré-lançamento da Apollo 1, os astronautas Virgil Grissom, Edward White e Roger Chaffee morreram sufocados pela fumaça gerada após uma explosão no módulo de comando, do qual não tiveram tempo de escapar.

Poucos meses depois, no dia 24 de abril, os soviéticos também viveriam seu quinhão de tragédia. Nesse dia, o cosmonauta Vladímir Komarov tornou-se o primeiro homem a perder a vida durante uma viagem espacial. Após permanecer um dia no espaço a bordo da Soyuz 1, ele morreu em virtude de uma falha do paraquedas durante o retorno da nave, que despencou a toda velocidade de encontro à Terra.

A sinistra sincronicidade entre os acidentes fez com que a corrida espacial fosse interrompida por vários meses, enquanto as duas potências faziam uma série de ajustes em seus programas espaciais para evitar novas fatalidades.

Parte externa do módulo de comando da Apollo 1, destruído após uma explosão.

20 DE SETEMBRO DE 1967

Enquanto a ciência ajustava seus passos rumo à Lua, o coreógrafo americano Robert Joffrey trouxe de lá a inspiração para criar um de seus espetáculos mais vanguardistas, o balé *Astarte*. Batizado com o nome de uma das principais divindades do Oriente Médio na Antiguidade – a deusa da guerra, do sexo e da fertilidade, que também era associada à Lua –, tratava-se de um espetáculo bem ao estilo da psicodelia dos anos 1960, com uma mistura de dança, luzes coloridas, projeções de vídeo e trilha sonora executada ao vivo por uma banda de *rock*.

Após estrear em Nova York, *Astarte* imediatamente tornou-se um fenômeno *cult*, tendo sido capa da revista *Time* e ganhado várias resenhas elogiosas. Como escreveu a crítica de dança da *New York Magazine* na época, ao trazer "a inviolável deusa da Lua, distante e implacável [...] *Astarte* tem a ver com experiências atávicas, pré-intelectuais, que se apoiam numa recepção instintiva de estímulos e numa resposta igualmente não racional a eles. É o mesmo tipo de experiência essencial às formas primitivas de dança e religião".

2 DE ABRIL DE 1968

Nesse dia, chegou aos cinemas de Washington, nos Estados Unidos, o longa-metragem *2001: Uma odisseia no espaço*, obra-prima dirigida pelo cineasta americano Stanley Kubrick e roteirizada em parceria com o escritor inglês Arthur C. Clarke. A partir de um conto chamado *A sentinela*, escrito por Clarke anos antes, os dois criaram um enredo original sobre um grupo de astronautas que, após escavar um misterioso monólito enterrado sob a superfície da Lua, parte numa jornada que vai conduzi-los às origens – e ao futuro – da própria humanidade.

A película traz algumas das cenas mais emblemáticas do cinema, como o **momento** em que – ao som da sinfonia *Assim falou Zaratustra*, do alemão Richard Strauss, inspirada no livro homônimo de Nietzsche –, o macaco pré-humano descobre como usar uma ferramenta e, num corte magistral, o filme salta diretamente para o futurístico ano de 2001.

Com a Terra brilhando ao fundo, astronautas observam o misterioso monólito enterrado sob o solo lunar.

Vencedor do Oscar de efeitos especiais, o filme buscou o máximo de precisão científica na construção das cenas, tendo contado com assessoria técnica da própria Nasa – a imponente estação espacial que aparece no longa, por exemplo, foi baseada num modelo real concebido por Wernher von Braun. O nível de realismo e exatidão atingido por Kubrick foi tão grande que, um ano depois, o diretor acabaria sendo relacionado a uma das maiores teorias da conspiração de toda a história: a de que o homem nunca teria de fato pisado na Lua.

De acordo com os céticos e paranoicos de plantão, na verdade, todos os eventos que envolvem a chegada do homem à Lua teriam sido minuciosamente criados por Kubrick em algum estúdio secreto nos Estados Unidos, tudo a pedido da Nasa, para colocar os americanos à frente dos soviéticos na corrida espacial. Por incrível que pareça, ainda hoje tem gente que acredita nessa balela. Mas essa lenda urbana já foi desmentida inúmeras vezes, de forma irrefutável. A série *Os caçadores de mitos*, por exemplo, dedicou um episódio inteiro para desmontar, um a um, os argumentos que sustentam essa lorota.

14 DE SETEMBRO DE 1968

De volta ao "mundo real", com a retomada da corrida espacial os soviéticos novamente saíram na frente ao lançar a sonda Zond 5, primeira nave a dar uma volta completa em torno da Lua e retornar à Terra. Mais que isso: ela não só voltou em segurança, pousando no Oceano Índico no dia 21 de setembro, como levou em seu interior uma tripulação de duas tartarugas, algumas minhocas, plantas e outras formas de vida (que também retornaram sãs e salvas).

Ou seja, pela primeira vez, estava provado que um ser vivo seria capaz de sobreviver a uma viagem até a Lua. Além disso, já pensando em futuras missões tripuladas por seres humanos, a sonda foi "pilotada" por um manequim em tamanho real, que contava com aparelhos para medir a radiação recebida durante a jornada.

21 DE DEZEMBRO DE 1968

Os americanos responderam à altura com o lançamento da Apollo 8, a primeira missão tripulada a entrar em órbita na Lua. Levando os astronautas Frank Borman, James Lovell Jr. e William Anders a bordo, a Apollo 8 acelerou de vez a contagem regressiva para o tão sonhado desembarque do homem na Lua. Antes de retornar à Terra, no dia 27 de dezembro, o trio de astronautas da Apollo 8 completou dez voltas ao redor do satélite, realizando inúmeras manobras, testes e observações para o futuro pouso na superfície lunar.

Na noite de Natal desse ano, eles ainda fizeram uma grandiosa transmissão ao vivo para telespectadores de todo o mundo: no que seria a maior audiência de TV até então, eles leram trechos do livro do *Gênesis* e enviaram imagens da Terra vista do espaço. A tripulação da Apollo 8 também foi responsável por capturar uma das imagens mais icônicas de nosso planeta, quando presenciaram o que ficou conhecido como o "nascer da Terra" por trás do horizonte lunar.

A tripulação da Apollo 8 parte para sua missão em órbita na Lua. Nas págs. seguintes, uma sequência espetacular de fotos do "nascer da Terra".

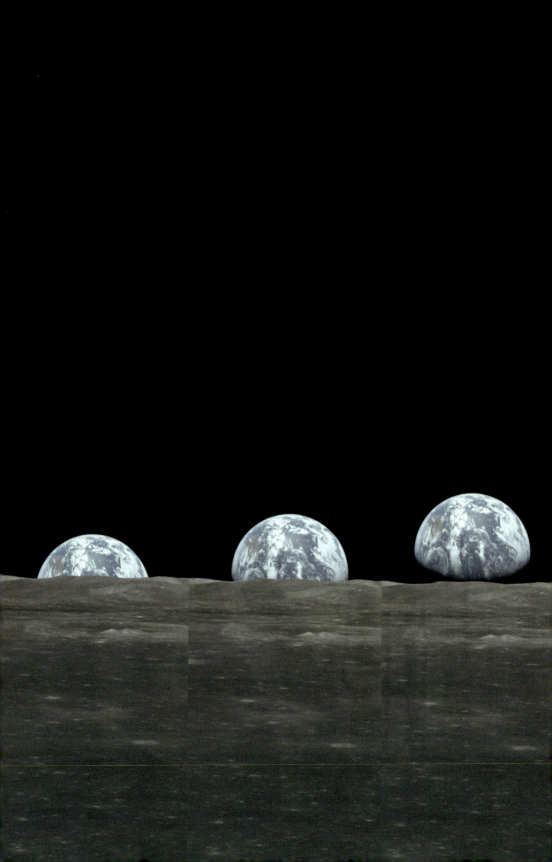

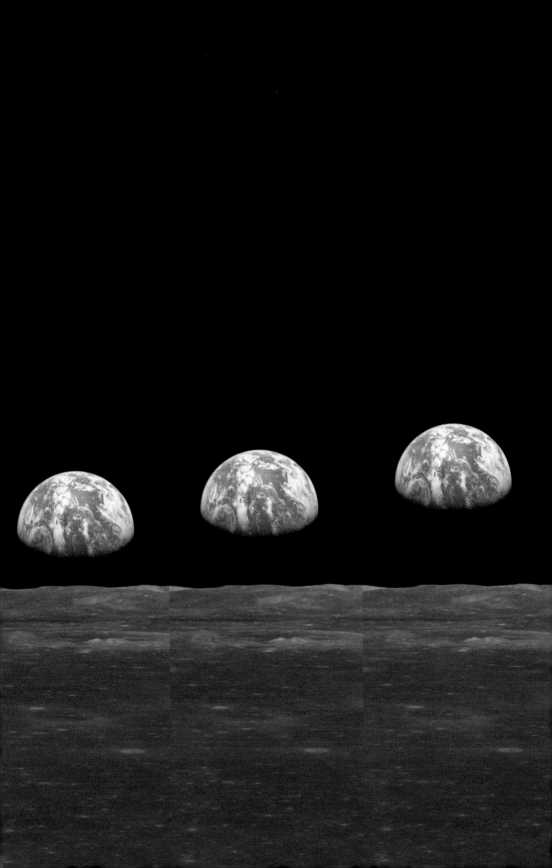

3 DE MARÇO DE 1969

Em uma das etapas menos faladas, mas de igual importância para a chegada do homem à Lua, a Apollo 9 partiu para uma missão de dez dias em torno da órbita da Terra. Embora tenham permanecido bem longe do nosso satélite, os astronautas James McDivitt, David Scott e Russell Schweickart realizaram vários testes essenciais para a futura alunissagem (nome que se dá para a aterrissagem na Lua), como o ensaio das manobras de acoplamento entre o módulo de comando e o módulo lunar no espaço.

14 DE MARÇO DE 1969

Enquanto as duas superpotências seguiam emparelhadas na corrida espacial, do mundo dos quadrinhos surgiu um inesperado azarão para animar a história. Deixando russos, americanos e demais seres humanos para trás, o simpático Snoopy foi o primeiro a botar as patas em nosso satélite. Ao longo de uma série de tirinhas, o intrépido viajante decolou de seu pacato quintalzinho na Terra e, após atravessar o espaço, pousou com sua casinha voadora na Lua. O sucesso de sua aventura foi tanto que, dois meses depois, ele voltaria a farejar nosso satélite, dessa vez como mascote oficial da missão Apollo 10.

Na verdade, a relação de Snoopy com o espaço já havia começado um ano antes, quando ele foi apresentado como mascote do programa de segurança da Nasa. O fato é que, após a tragédia com a Apollo 1, a Nasa decidiu criar um novo protocolo interno de segurança e, para tanto, sentiu que precisava de um personagem carismático que ajudasse na conscientização de todos – e o destemido Snoopy, que já era famoso por pilotar sua casinha de cachorro pelo ar, foi a escolha natural.

Criador do personagem, o cartunista americano Charles M. Schulz envolveu-se diretamente com o projeto e, sem cobrar nada, deu vida ao astronauta de quatro patas. Além de aparecer em pôsteres e panfletos de divulgação na época, o Snoopy sideral foi escolhido como ícone para o bóton de prata que, até hoje, a Nasa concede em honraria àqueles que, de alguma forma, tenham contribuído para o sucesso e a segurança das missões.

Pôsteres oficiais do programa de segurança da Nasa.

18 DE MAIO DE 1969

Os Estados Unidos decolaram para selar de vez o triunfo diante dos soviéticos com o lançamento da missão Apollo 10. Ao longo de exatos 8 dias, 23 minutos e 23 segundos – em que completaram 31 voltas na órbita lunar –, os astronautas Thomas Stafford, John Young e Eugene Cernan realizaram um ensaio completo do que seria o primeiro pouso na Lua. Com exceção do próprio pouso, a Apollo 10 fez testes precisos de todas as etapas necessárias para o futuro desembarque da Apollo 11.

O treinamento incluiu até manobras independentes com o módulo lunar (apelidado de Snoopy), que se desligou do módulo de comando (apelidado de Charlie Brown) e, antes de se acoplar novamente, chegou a flutuar a poucos quilômetros da superfície lunar – no mesmo ponto onde, dois meses depois, Neil Armstrong cravaria a famosa primeira pegada do homem na Lua.

O módulo de comando da Apollo 10 (*acima*) e o módulo lunar (*abaixo*) em órbita na Lua. Na Terra, as mascotes da missão "comandam" tudo da sala de controle.

20 DE MAIO DE 1969

Enquanto os astronautas da Apollo 10 seguiam com sua missão no espaço, em terra firme o gigantesco Saturno V era transportado do igualmente descomunal Edifício de Montagem de Veículos – VAB (do inglês Vehicle Assembly Building) em direção à plataforma de lançamento 39A, no Centro Espacial Kennedy.

Construído para a montagem final das naves e foguetes do projeto Apollo, o VAB ainda hoje é um retrato da magnitude dos esforços envolvidos para levar o ser humano à Lua. Trata-se de uma das maiores construções já erguidas pelo homem, um colosso com mais de 3,6 milhões de metros cúbicos de espaço interno. O edifício é tão imenso que, reza a lenda, se não fosse pelo complexo sistema de ventilação, chegariam a se formar nuvens de chuva lá dentro!

Para levar o Saturno V do edifício de montagem até a plataforma 39A, foi usado uma espécie de guincho gigante, que se arrastava a uma velocidade média de 1 quilômetro por hora, tudo para que não houvesse nenhum problema com a preciosa carga a bordo. Com 10 metros de diâmetro e mais de 110 metros de altura – o equivalente a um prédio de 36 andares! –, o Saturno V carregava, no topo, a Apollo 11 com as três partes de sua estrutura: o módulo de serviço (onde ficavam os principais motores da nave), o módulo de comando (chamado de Columbia, era o espaço onde ficariam os astronautas) e o módulo lunar (apelidado de Eagle, "águia" em inglês, que seria usado para pousar na Lua).

1º DE JUNHO DE 1969

Em uma das etapas mais importantes da fase de pré-lançamento, nesse dia foram conduzidos vários testes para avaliar a prontidão da Apollo 11 para o voo, o que incluiu a checagem de todos os sistemas de navegação e controle da nave. Se a missão era um feito grandioso em termos de engenharia e maquinário, ela também incorporava o que havia de mais avançado em termos de *software* para a época.

Chamado de Apollo Guidance Computer, o computador de bordo era o cérebro eletrônico por trás da complexa rede de sistemas da nave. E por trás de tudo isso estava a matemática e programadora americana Margaret Hamilton, chefe da equipe de especialistas que desenvolveu os *softwares* da Apollo 11. De fato – como se comprovou mais tarde em momentos cruciais da missão –, sem o *software* criado por Margaret, a Apollo 11 nem teria chegado a pousar na Lua.

Na verdade, a importância do *software* desenvolvido por ela talvez seja equivalente apenas ao esforço necessário para criá-lo. Nos anos 1960, a tecnologia de *softwares* ainda estava nos primórdios, e o trabalho para escrever os códigos era algo insano – para se ter ideia, nesta imagem Margaret posa ao lado da pilha de papéis onde estava escrito o código do computador de bordo da Apollo 11.

E a dificuldade não se resumiu apenas à tarefa de conceber os programas – eles exigiram um trabalho igualmente insano na hora de montar. Na época, o computador usava um sistema chamado de "memória de corda". Nesse sistema, os fios elétricos eram trançados através de pequenos furos em uma placa de metal de modo a armazenar os códigos binários: se o fio passava por dentro de um furo, representava o número 1; se o furo ficava vazio, representava o zero. Acontece que, no caso da Apollo 11, os programas foram literalmente tecidos à mão por centenas de mulheres que, de maneira meticulosa, **costuraram a rede** de "neurônios" da nave.

5 DE JULHO DE 1969

Com a data da decolagem se aproximando, o trio de astronautas da Apollo 11 participou de uma coletiva de imprensa em que, entre outras coisas, buscou explicar para jornalistas do mundo inteiro como se dariam as várias etapas da jornada até a Lua e, claro, de volta para casa. Na verdade, tratava-se de um processo tão intrincado, com diversos estágios interdependentes, que a própria Nasa já havia produzido uma série de ilustrações para que o público pudesse compreender as variadas fases da missão.

No caso da coletiva de imprensa em si, um detalhe: Neil Armstrong *(à esquerda)*, Edwin "Buzz" Aldrin *(ao centro)* e Michael Collins *(à direita)* deram a entrevista de dentro de uma espécie de caixa de acrílico, numa das várias medidas de precaução tomadas pela Nasa para evitar que os astronautas fossem expostos a qualquer tipo de infecção antes da viagem.

Série de ilustrações produzidas pela Nasa
para explicar as várias fases da missão Apollo 11.

EXPLORATION OF LUNAR SURFACE

ASCENT STAGE LIFTOFF

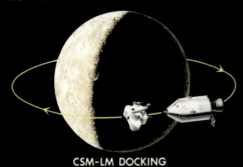
CSM-LM DOCKING

LM ASCENT - CSM DOCKED

TRANSEARTH INJECTION

LM JETTISON

7 DE JULHO DE 1969

A Nasa também fez minuciosas varreduras de raios X de todas as vestimentas que seriam usadas pelos astronautas ao longo da viagem, como no caso do par de botas de Neil Armstrong. Todo esse cuidado era para ter certeza de que não havia nenhum material pontiagudo perdido no meio dos tecidos – como uma agulha ou alfinete –, que pudesse acabar perfurando o traje pressurizado.

Na realidade, pode-se dizer que o macacão dos astronautas que iriam pisar na Lua funcionava como uma espécie de nave espacial particular. Além de prover água e oxigênio, os trajes eram compostos de 21 camadas de materiais diversos, como Teflon e poliéster metálico, protegendo os andarilhos lunares contra a radiação solar, o potencial e perigosíssimo impacto de micrometeoritos – que cruzam o vácuo lunar a enormes velocidades – e, ainda, as inclementes variações de temperatura na Lua, que pode despencar de quase 123 ºC durante o dia para cerca de -233 ºC durante a noite.

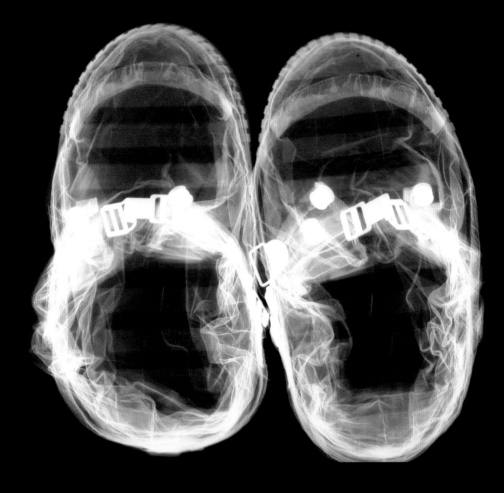

14 DE JULHO DE 1969

O calor gerado pelo atrito do ar na reentrada da atmosfera terrestre – que poderia chegar a mais de 2700 ºC – era uma das preocupações dos engenheiros da Nasa ao desenvolver o *design* do módulo de comando, que traria os astronautas de volta à Terra.

Nos dias que antecederam a decolagem da Apollo 11, para demonstrar a capacidade de isolamento do material usado na nave, a Nasa chegou a realizar apresentações públicas dos equipamentos, como no caso da imagem ao lado: vestindo uma luva feita de um dos materiais isolantes do módulo de comando, uma modelo segura tranquilamente uma moeda de metal que, aos poucos, vai sendo derretida sob o fogo intenso de um maçarico – e a espessura da luva era bem mais fina do que as camadas que seriam usadas na nave.

O módulo de comando contava ainda com várias outras camadas de material de proteção, que, propositada e paulatinamente, iriam se desintegrando ao longo do processo de reentrada para dissipar o aumento descomunal de temperatura.

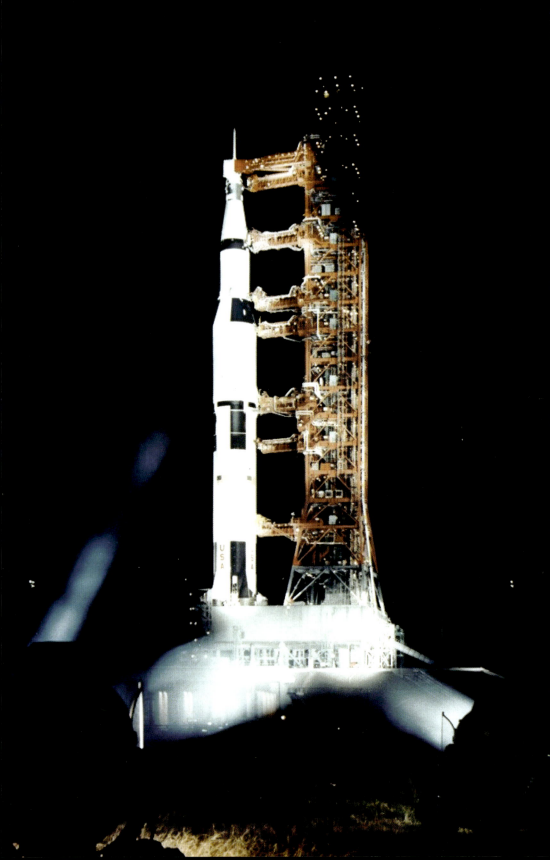

15 DE JULHO DE 1969

Nas vésperas do lançamento, um público estimado em mais de um milhão de pessoas já tinha se dirigido para as vizinhanças de Cabo Canaveral, na Flórida, para assistir ao espetáculo que aconteceria no dia seguinte. Como uma espécie de catedral tecnológica, a gigantesca estrutura que suportava a Apollo 11 foi iluminada por dezenas de holofotes, de modo que várias checagens de pré-lançamento pudessem ser executadas ao longo da noite.

Nos dias anteriores, inúmeros testes já haviam sido realizados para que a Nasa se certificasse de que tudo ocorreria conforme o esperado, o que incluiu ensaios meticulosos de todas as etapas até a decolagem. Eram os momentos finais de uma das maiores empreitadas já realizadas na história – quando partisse rumo à Lua, a Apollo 11 representaria o fruto do trabalho de nada menos que 400 mil pessoas, homens e mulheres que se envolveram diretamente em alguma fase do projeto.

16 DE JULHO DE 1969

Pouco depois das 9 horas e 30 minutos da manhã, após um breve intervalo suficiente apenas para recuperar o fôlego, a voz do chefe de Relações Públicas da Nasa, Jack King, voltou a ser ouvida pelos alto-falantes do Centro Espacial Kennedy: "Sessenta segundos e contando [...] Neil Armstrong acaba de relatar: 'A contagem regressiva está indo muito bem'. Acabamos de passar da marca dos cinquenta segundos. Transferência de força completa [...] quarenta segundos para a decolagem da Apollo 11. Todos os tanques de combustível [...] estão pressurizados [...] vinte segundos e contando [...] o controle agora é interno [...] 10, 9, sequência de ignição iniciada, 6, 5, 4, 3, 2, 1, zero, todos os propulsores funcionando... Decolagem!".

Então, exatamente às 9 horas e 32 minutos da manhã (10 horas e 32 minutos no horário de Brasília), o Saturno V se lançou em direção ao céu numa extraordinária apoteose de som e chamas. E não era para menos. No momento da partida, o foguete pesava quase 3.000 toneladas, sendo que a maior parte desse peso era composta simplesmente pelo combustível necessário para acelerar a nave em direção à Lua.

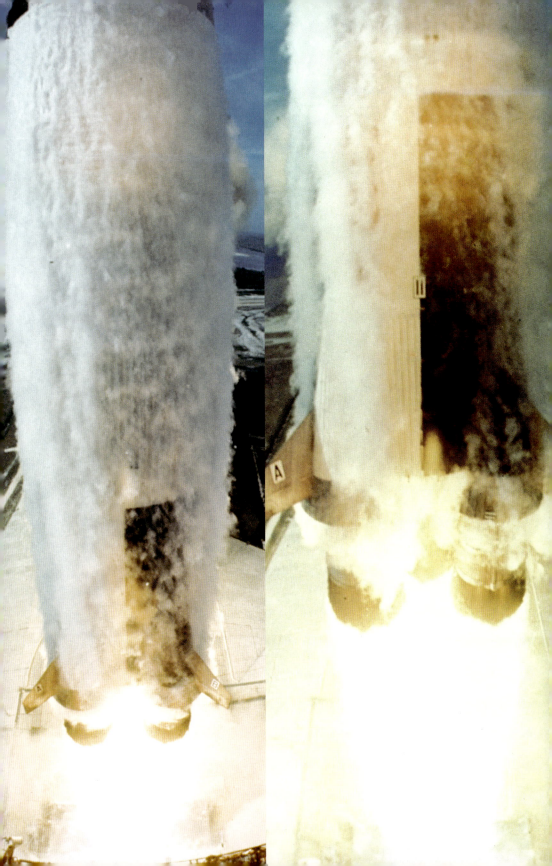

Presente no dia do lançamento, o escritor e jornalista americano Norman Mailer fez um relato vigoroso do evento, dando uma ideia da impressão causada no público:

> Que veículo impressionante, que espaçonave! Um viajante planetário imenso como um destróier, e delicado como uma flecha de prata. [...] A própria decolagem parecia fazer parte mais de um milagre do que de um fenômeno mecânico [...] Não, era algo ainda mais dramático. Pois as chamas eram colossais. Ninguém estava preparado para aquilo. As labaredas fluíam em cataratas [...] Duas tochas poderosas e incandescentes como as asas de um pássaro de fogo [...] e, no meio de tudo isso, branca como uma espécie de aparição, [...] aquela nave misteriosa e angelical emergiu de sua encarnação de chamas e começou a elevar-se rumo ao céu. [...] E então veio, [...] como o rugido de mil metralhadoras atirando ao mesmo tempo, [...] o murmúrio estrondoso de cataratas de fogo bramindo mais alto que o mais alto dos trovões [...] o som do foguete nos atingia [...] como se nossos ouvidos estivessem dentro de uma imensa caldeira queimando oxigênio, toneladas de oxigênio sendo criadas e consumidas naquela ascensão do foguete [...] Uma nau de chamas estava a caminho da Lua.

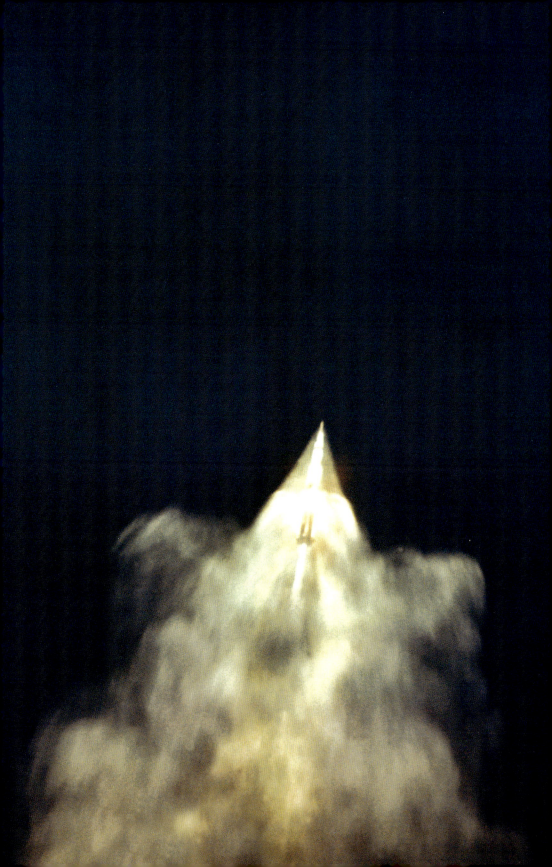

Mas o que é a chama, oh amigos, senão o próprio momento? [...] Chama é o ato desse momento que está entre a terra e o céu. Oh meus amigos, tudo o que passa do estado pesado ao estado sutil passa pelo momento de fogo e luz... [...] O que nunca mais acontecerá acontece magnificamente diante de nossos olhos! — O que nunca mais acontecerá deve acontecer o mais magnificamente possível!

PAUL VALÉRY

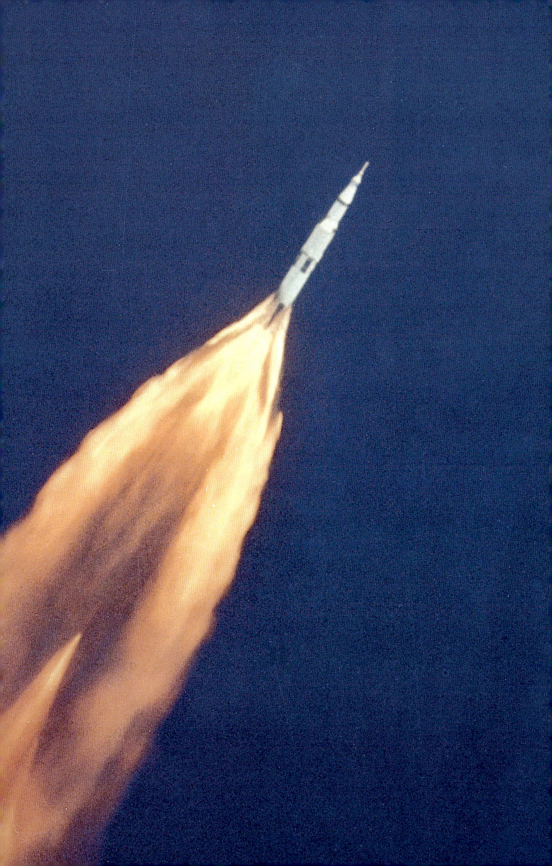

18 DE JULHO DE 1969

Apesar do sucesso e da grandiosidade do lançamento, em momento algum a Nasa e os demais envolvidos na missão se esqueceram dos riscos que cercavam a jornada. Uma das coisas que geravam apreensão, por exemplo, era a possibilidade de haver algum problema no módulo lunar e, por conta disso, os astronautas que pousassem na Lua não conseguissem decolar da superfície do satélite.

Os próprios astronautas sabiam que essa possibilidade, mesmo que extremamente remota, era real. Como disse Michael Collins numa entrevista dias antes da decolagem: "Caso Neil e Buzz tenham alguma dificuldade na superfície da Lua, não há nada que eu possa fazer [...] Tanto eles quanto eu e o controle da missão sabemos que há determinados tipos de pane que, caso ocorram, eu simplesmente tenho que ligar o motor e voltar para casa sem eles".

Foi assim que, enquanto a Apollo 11 ainda seguia seu caminho em direção à Lua, nascia um dos documentos mais bizarros – e soturnos – da história da conquista do espaço: o redator de discursos do presidente Richard Nixon preparou uma declaração para ser lida na eventualidade de a missão falhar e os astronautas ficarem presos na Lua. No funesto constavam ainda algumas instruções sobre os procedimentos que deveriam ser adotados antes e após a leitura da carta pelo presidente em rede nacional.

Confira a seguir o que dizia a declaração, que, para a felicidade dos envolvidos, nunca chegou a ser lida:

> O destino quis que os homens que foram à Lua para explorá-la em paz nela permaneçam para descansar em paz.
>
> Esses homens corajosos, Neil Armstrong e Edwin Aldrin, sabem que não há esperança de resgate. Mas eles também sabem que há esperança para a humanidade em seu sacrifício.
>
> Estes dois homens estão entregando sua vida em nome do objetivo mais nobre da humanidade: a busca por verdade e conhecimento.
>
> Eles serão pranteados por suas famílias e amigos; serão pranteados pela nação; serão pranteados pelas pessoas ao redor do mundo; serão pranteados pela Mãe Terra, que ousou enviar dois de seus filhos rumo ao desconhecido.

Em sua jornada, eles fizeram com que pessoas do mundo inteiro se sentissem como uma só; com seu sacrifício, unem mais firmemente a irmandade dos homens.

No passado, os homens olhavam para as estrelas e viam seus heróis nas constelações. Nos dias de hoje, fazemos basicamente o mesmo, mas nossos heróis são homens épicos de carne e osso.

Outros seguirão, e certamente encontrarão seu caminho de volta para casa. A jornada de busca do ser humano não lhe será negada. Mas estes homens foram os primeiros, e permanecerão com a primazia em nosso coração.

Pois cada ser humano que olhar para a Lua nas noites que virão saberá que existe algum canto de outro mundo que é para sempre da humanidade.

Primeira página da declaração que seria lida pelo presidente americano.

To : H. R. Haldeman

From: Bill Safire   July 18, 1969.

IN EVENT OF MOON DISASTER:

Fate has ordained that the men who went to the moon to explore in peace will stay on the moon to rest in peace.

These brave men, Neil Armstrong and Edwin Aldrin, know that there is no hope for their recovery. But they also know that there is hope for mankind in their sacrifice.

These two men are laying down their lives in mankind's most noble goal: the search for truth and understanding.

They will be mourned by their families and friends; they will be mourned by their nation; they will be mourned by the people of the world; they will be mourned by a Mother Earth that dared send two of her sons into the unknown.

In their exploration, they stirred the people of the world to feel as one; in their sacrifice, they bind more tightly the brotherhood of man.

In ancient days, men looked at stars and saw their heroes in the constellations. In modern times, we do much the same, but our heroes are epic men of flesh and blood.

19 DE JULHO DE 1969

Alheios a qualquer prognóstico sombrio que estivesse sendo aventado em Terra, os astronautas seguiram com os planos traçados. Após três dias de viagem no espaço, a Apollo 11 ligou seus propulsores para entrar na órbita da Lua. Feito isso, a nave circulou várias vezes em torno do satélite, enquanto, gradualmente, ia perdendo altitude para se aproximar do local escolhido para o pouso, o Mar da Tranquilidade.

Somente quando a Apollo 11 estivesse a uma distância milimetricamente calculada da Lua – o que só ocorreria cerca de 24 horas após adentrar a órbita do satélite –, o módulo lunar iria se desacoplar da nave mãe e, com Neil Armstrong e Buzz Aldrin a bordo, desceria em direção ao solo (Michael Collins permaneceria dentro do módulo de comando, flutuando ao redor da Lua).

Ao contrário do *design* liso e curvilíneo do módulo de comando – feito para que gerasse o mínimo de atrito com o ar e, assim, tivesse a reentrada mais suave possível na atmosfera terrestre –, o módulo lunar contava com diversas partes protuberantes, sendo capaz de voar perfeitamente apenas no espaço (sem o atrito do ar).

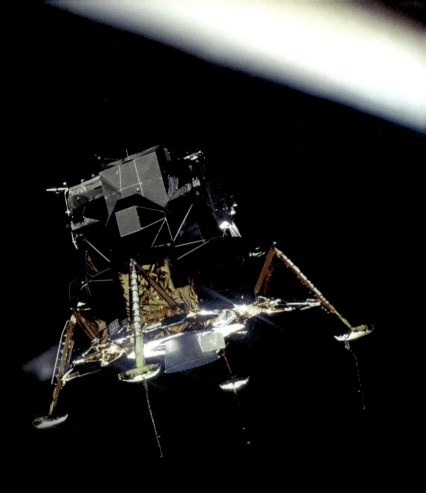

Tratava-se de uma nave de dois compartimentos, com os astronautas ocupando a parte superior, a mesma com a qual decolariam de volta da superfície para se acoplar novamente à nave mãe; a parte inferior, que, na imagem, aparece coberta de alumínio dourado, seria deixada para trás, repousando até hoje no solo lunar.

20 DE JULHO DE 1969

Então, na manhã do esperado dia, como se tivessem que reencenar os movimentos de uma criança prestes a dar o primeiro passo, Neil Armstrong e Buzz Aldrin saíram engatinhando do módulo de comando através de um pequeno túnel e tomaram seus postos no módulo lunar Eagle. Após a checagem final dos sistemas, os astronautas se desacoplaram do módulo de comando e dispararam os foguetes do Eagle para o mergulho rumo à superfície do satélite.

A fase final da descida, contudo, seria extremamente tensa e, por pouco, o módulo lunar não se espatifou de encontro à Lua. O fato é que o local de pouso no Mar da Tranquilidade havia sido escolhido por ser relativamente plano e livre de obstáculos. Porém, após descerem de forma lenta e controlada, quando já se encontravam bem próximos do solo, Armstrong e Aldrin perceberam que não estavam sobre o ponto planejado para o pouso – a nave havia se adiantado alguns segundos durante a descida e, com isso, seria preciso pousar mais para a frente do local escolhido.

Visão da janela de Neil Armstrong, momentos antes de pousar na Lua.

livre de obstáculos. Nas palavras do próprio Armstrong: "Havia pedregulhos grandes como um Volkswagen espalhados por toda parte, e as rochas pareciam vir terrivelmente rápido em nossa direção". Sem titubear, Armstrong assumiu o controle manual e foi dirigindo o Eagle de modo a evitar o terreno pedregoso. Porém, a manobra acabou consumindo mais combustível do que o previsto, e, quando a nave tocou o solo, faltavam míseros trinta segundos para que a quantidade de combustível reservada para o pouso acabasse!

Finalmente, às 17h17min39s de Brasília, a nave pousou na Lua. Após alguns segundos de expectativa que pareceram durar uma vida inteira no centro de controle da missão, vieram as festejadas palavras de Armstrong: "Houston, aqui é a Base da Tranquilidade. A Águia pousou". Foi a senha para que todos na Nasa voltassem a respirar e explodissem em ovações.

Após algumas horas, que incluíram um período de checagem e preparação dos equipamentos, Armstrong abriu a escotilha do Eagle e, lentamente, foi descendo pela escada até que, precisamente às 23h56min15s de Brasília, cravou a bota no até então imaculado solo lunar. "Este é um pequeno passo para um homem, um gigantesco salto para a humanidade", anunciou o astronauta, numa frase que, instantânea e grandiosamente, ecoou a mais de 384.000 quilômetros de distância. Estima-se que mais de 530 milhões de pessoas em todo o planeta, cerca de um sexto da população mundial na época, tenham acompanhado pela TV as imagens transmitidas pela câmera do módulo lunar.

Cerca de vinte minutos depois, Buzz Aldrin se juntou a Armstrong no solo, onde, entre outras tarefas, colheram amostras de rochas lunares e instalaram equipamentos para medições científicas. Depois de passar pouco mais de 21 horas no satélite – das quais cerca de duas horas e meia em atividades fora da nave –, os astronautas decolaram com a parte superior do Eagle, acoplaram-se de novo ao módulo de comando e, enfim, rumaram de volta para a Terra, onde pousaram no dia 24 de julho, sendo resgatados pela marinha americana nas águas do Oceano Pacífico.

Geralmente confundida como sendo a primeira pegada de Neil Armstrong na Lua, a imagem que entrou para a história é, na realidade, de uma pegada de Buzz Aldrin.

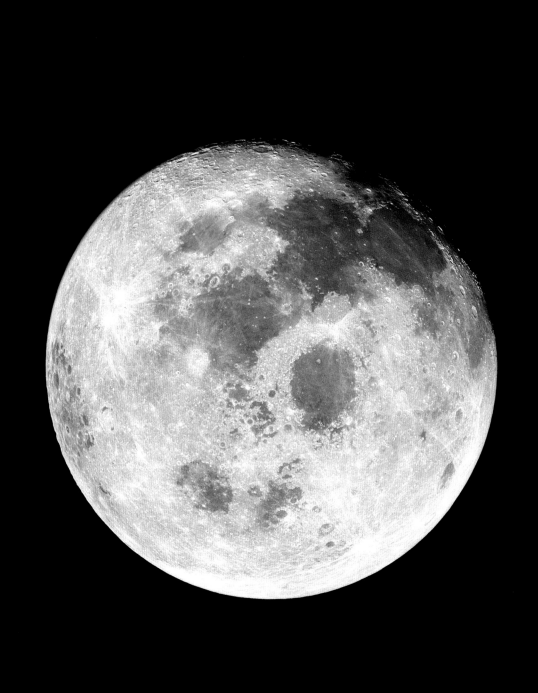

Quando retornaram à Terra, os astronautas deixaram para trás uma esplendorosa Lua cheia (*imagem ao lado*), só que, embora brilhasse como sempre brilhou, de certa forma já não era a mesma de antes. Sim, pois agora tratava-se de uma nova Lua, um astro que trazia em si as marcas de pegadas humanas.

Uma nova Lua, sem dúvida, mas que até hoje segue despertando o mesmo fascínio que despertava em nossos mais longínquos ancestrais. Um encantamento misterioso, inesgotável, que, assim como fez com nossos antepassados, dirige nosso olhar e imaginação para as alturas do céu.

Nesse sentido, não é de se espantar que, nos últimos anos, o interesse pela exploração da Lua tenha sido retomado com força, não só entre as agências espaciais de potências como Estados Unidos, Rússia e China, mas também entre a iniciativa privada, como no caso de dois dos maiores bilionários do mundo: Elon Musk, criador da empresa SpaceX, que presta serviços para a própria Nasa, e o fundador da Amazon, Jeff Bezos, que criou a empresa espacial Blue Origin. Para esses novos desbravadores do espaço, que têm planos não só de voltar à Lua, mas sobretudo de colonizar o nosso satélite, a Lua é um "trampolim" indispensável para que, no futuro, o ser humano consiga atingir as vastidões do universo e, quem sabe, possa concretizar o sonho de habitar outros planetas.

Na realidade, de acordo com visionários como Musk, esse retorno à Lua e a posterior conquista de outros mundos fora do Sistema Solar são fundamentais para a própria sobrevivência de nossa espécie. Como disse Musk: "Ou a humanidade se torna uma espécie multiplanetária ou estamos fadados à extinção". De fato, chegará um momento, que os cientistas calculam que possa ocorrer daqui a 5 bilhões de anos, em que o Sol irá se expandir de tal forma que, inexoravelmente, irá "engolir" a Terra.

Ou seja, se no passado a Lua era considerada a deusa guardiã de todos os mistérios, pode ser que no futuro ela também venha a ser a guardiã da própria existência humana.

Enquanto isso, como faz há milênios, a Lua segue em sua incessante metamorfose pelo céu, deslumbrando a humanidade com sua dança de sombra e resplendor. Um deslumbramento como o que, num momento de inspiração, levou o poeta Mário Quintana a se perguntar: "Que haverá com a Lua que sempre que a gente a olha é com o súbito espanto da primeira vez?".

QUER FICAR TRANQUILO?
CONTEMPLE A LUA QUE
FAZ MANSAMENTE O SEU
TRABALHO DE LUZ.

RUBEM ALVES

CRÉDITOS DAS IMAGENS

Alamy: 241
Creative Commons: 36, 39, 48, 49, 186 e 187
Direito de reprodução gentilmente cedido por João Candido Portinari: 167
Getty Images: 62, 63, 105, 106, 107, 123 e 119
Göran Strand: 60 e 61
iStock: 6, 7, 11, 28, 29, 33, 34, 35, 54, 55, 64, 65, 68, 69, 70, 71, 78, 79, 85, 86, 87, 92, 93, 94, 95, 110, 111, 116, 117, 126, 127, 148, 149, 182, 183, 205 e 215
Léo Tafuri: 14, 15, 264, 265, 266 e 267
Massachusetts Institute of Technology: 231
NASA: 2, 3, 19, 31, 41, 45, 46, 47, 57, 58, 73, 108, 124, 125, 158, 163, 171, 177, 184, 185, 189, 194, 195, 197, 202, 203, 206, 208, 209, 214, 219, 220, 221, 222, 223, 225, 226, 227, 229, 235, 236, 237, 239, 242, 245, 246, 247, 249, 251, 257, 258, 259, 261 e 262
National Archives: 255
Philippe Echaroux, 2016: 80 e 81
Romulo Fialdini (Tempo Composto)/ © Tarsila do Amaral Empreendimentos: 168 e 169
ShutterStock: 16, 17, 154, 155, 157 e 179
Smithsonian's National Air and Space Museum: 232 e 233
Tamayo Heirs/México/AUTVIS, Brasil: 165
Time.com: 178, 196 e 210
Wikimedia Commons: 20, 21, 22, 25, 26, 27, 32, 37, 42, 43, 51, 52, 53, 67, 74, 76, 77, 82, 83, 89, 90, 99, 100, 103, 109, 112, 115, 120, 121, 129, 130, 131, 132, 133, 135, 136, 137, 138, 139, 141, 142, 145, 147, 151, 153, 156, 161, 173, 175, 181, 191, 192, 193, 198, 199, 200, 201, 211, 212, 213 e 216

Todos os esforços foram feitos para localizar os detentores dos direitos autorais das imagens reproduzidas neste livro. A editora compromete-se a dar os devidos créditos na próxima edição, caso os autores e/ou detentores dos direitos entrem em contato. A intenção ao utilizar as imagens aqui presentes foi ilustrar a leitura educativa, sem o intuito de violar direitos de terceiros.

REFERÊNCIAS BIBLIoGRÁFICAS

BACHELARD, Gaston. *Fragmentos de uma poética do fogo*. Tradução: Norma Telles. São Paulo: Brasiliense, 1990.

COUTO, Mia. *Contos do nascer da terra*. São Paulo: Companhia das Letras, 2014.

ELIADE, Mircea. *Tratado de história das religiões*. Tradução: Natália Nunes, Fernando Tomaz. São Paulo: WMF Martins Fontes, 2016.

ESTÉS, Clarissa Pinkola. *Mulheres que correm com os lobos*. Tradução: Waldéa Barcellos. São Paulo: Rocco, 2018.

LAWRENCE, D. H. *Apocalipse*. Tradução: Paulo Henriques Britto. São Paulo: Companhia das Letras, 1990.

MAILER, Norman. *Moonfire: the epic journey of Apollo 11*. Los Angeles: Taschen, 2010.

NIETZSCHE, Friedrich. *Assim falou Zaratustra*. Tradução: Paulo César de Souza. São Paulo: Companhia das Letras, 2018.

SAGAN, Carl. *Cosmos*. Tradução: Paulo Geiger. São Paulo: Companhia das Letras, 2017.

VALÉRY, Paul. *A alma e a dança e outros diálogos*. Tradução: Marcelo Coelho. Rio de Janeiro: Imago Editora, 2005.

Copyright © 2019 Tordesilhas Livros
Copyright © 2019 Lauro Henriques Jr.

Todos os direitos reservados. Nenhuma parte desta edição pode ser utilizada ou reproduzida – em qualquer meio ou forma, seja mecânico ou eletrônico –, nem apropriada ou estocada em sistema de banco de dados, sem a expressa autorização da editora.

O texto deste livro foi fixado conforme o acordo ortográfico vigente no Brasil desde 1º de janeiro de 2009.

EDIÇÃO Isa Pessoa, Lauro Henriques Jr.
CAPA E PROJETO GRÁFICO Amanda Cestaro
PREPARAÇÃO Ibraíma Tavares
REVISÃO Bárbara Parente
ASSISTENTE EDITORIAL Ana Clara Cornelio

1ª edição, 2019

Dados Internacionais de Catalogação na Publicação (CIP)
(Câmara Brasileira do Livro, SP, Brasil)

Henriques Jr., Lauro
100 passos até uma pegada : a incrível jornada cósmica do ser humano desde a antiguidade rumo à conquista da Lua / Lauro Henriques Jr.. -- São Paulo : Tordesilhas, 2019.

ISBN 978-85-8419-097-3

1. Astronomia - História 2. Ciência - História 3. Curiosidades I. Título.

19-27142   CDD-523.1

Índices para catálogo sistemático:
1. Cosmologia : Astronomia 523.1
Iolanda Rodrigues Biode - Bibliotecária - CRB-8/10014

2019
Tordesilhas é um selo da Alaúde Editorial Ltda.
Avenida Paulista, 1337, conjunto 11
01311-200 – São Paulo – SP
Tels.: (11) 3146-9700 / 5572-9474
www.tordesilhaslivros.com.br

 /tordesilhas    /tordesilhaslivros   /etordesilhas

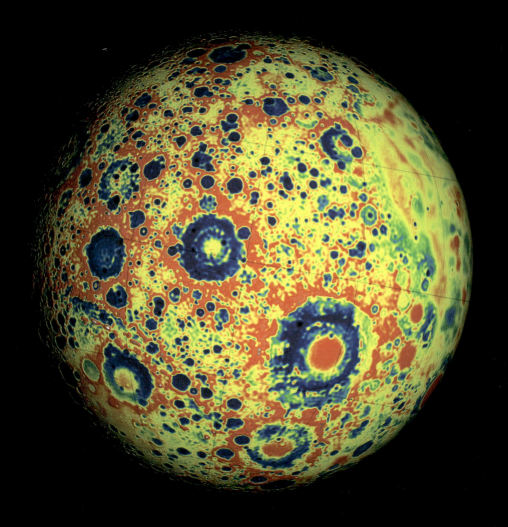

 Acima, o mapa gravitacional da Lua, feito pela agência espacial americana

Continue sua viagem no site da Nasa inteiramente devotado ao nosso satélite.